TRIBUNAL INTERNATIONAL
LECTEURS DE LA PROVENCE
2014
Le Figaro TOUT BAIGNE
Le Monde 2
la Gazette
AH! ENFIN UN SCOOP!
JOYEUX ANNIVERSAIRE!
MOI
PLANTU
Accueil PRESSE
la Repubblica
HUMANISME & MÉDECINE
France
Tchétchénie
Maison de la Chimie 14 Mars 2007
PSCHIIT!

PLANTU

50 ANS DE DESSIN

Couverture
Conception graphique : Olo.éditions
Illustrations : Plantu

ISBN : 978-2-7021-5345-1

PLANTU

50 ANS DE DESSIN

Texte Éric Fottorino

Préface de Laurence Engel,
présidente de la Bibliothèque nationale de France

Ouvrage dirigé par René Guitton

CALMANN LEVY

PRÉFACE

En 1972, le jeune Jean Plantureux, alias Plantu, publie son premier dessin dans le journal *Le Monde* : une colombe en plein vol en regard d'un article sur la guerre du Vietnam. La colombe deviendra par la suite emblématique du travail du dessinateur, qui s'installe en 1985 à la une du quotidien, y déployant tout un drôle de bestiaire, métaphore d'un éventail de sentiments contrastés, de l'agacement à peine dissimulé à la franche moquerie.

Après des collaborations, à ses débuts, dans les journaux les plus divers (*L'Étudiant, Le Pèlerin, le Canard enchaîné, Phosphore,* l'hebdomadaire *La Vie, L'Express, La Grosse Bertha, Charlie Hebdo, Croissance des jeunes nations* pour n'en citer que quelques-uns), il invente et expose dans ces pages du *Monde*, en observateur sans répit de l'actualité politique et de l'évolution de notre époque, un style où, derrière des figures rondes et candides, pointe l'humour caustique du journaliste d'actualité.

En une cinquantaine d'année, Plantu a ainsi réalisé plusieurs milliers de dessins, qu'il conserve avec le soin de l'archiviste, comme pour s'assurer de la transmission d'un commentaire, aiguisé par ce trait rapide du crayon. Et c'est à la Bibliothèque nationale de France que Plantu a choisi de remettre cet important fonds, miroir kaléidoscopique des cinquante dernières années. Un certain regard sur le monde ! Une grande fierté pour la bibliothèque et la satisfaction de contribuer ainsi à une œuvre.

L'exposition d'un choix de ces dessins dans la galerie des donateurs permet de se faire l'écho de cette nouvelle aventure de la transmission. Occasion d'apprécier l'évolution graphique de l'artiste, de mieux comprendre sa démarche (art du dérapage contrôlé, provocation assumée sans atteindre à l'intégrité des personnes), de voir (ou de revoir) ses sculptures (clin d'œil en hommage à Daumier), de retrouver une histoire grinçante et émouvante. Occasion aussi de saluer la détermination et l'engagement de Plantu, qui, à travers l'association Cartooning for Peace « Dessins pour la Paix » qu'il crée en 2006, se met au côté de tous les dessinateurs de presse, en France et à l'étranger, au nom de la liberté d'expression et avec la volonté – la transmission toujours ! – de sensibiliser à ses enjeux les jeunes publics, dans les établissements scolaires.

La rencontre de Plantu et d'Éric Fottorino au sein du journal *Le Monde* a fait naître une solide amitié entre eux. Ce livre, où se répondent témoignages, citations et dessins, se fait portrait du créateur, inlassable, talentueux, drôle et généreux.

Je remercie vivement Plantu pour la confiance qu'il accorde à la BnF par le don de ses œuvres originales, témoignage historique en images, patrimoine précieux qui contribuera à l'analyse future de notre monde.

Laurence Engel,
présidente de la Bibliothèque nationale de France

RUE DES ITALIENS

Ma première rencontre avec Plantu remonte à un matin d'avril 1987. Un échalas – d'autant plus grand que j'étais assis – poussa en coup de vent la porte de mon cagibi de la rue des Italiens, où se trouvait alors le siège du *Monde*, et demanda si j'étais le gars qui avait écrit un reportage sur l'Éthiopie. Je reconnus Plantu car je l'avais déjà croisé dans le vieil immeuble, toujours en train de courir, son dessin du jour à la main : il s'agissait de ne pas mettre le journal en retard. J'avais dû voir son visage juvénile dans l'émission « Droit de réponse » de Michel Polac où, avec d'autres caricaturistes, il croquait les invités en direct. Cette fois, c'était moi qu'il venait voir, et j'en restais pantelant. J'avais saisi son regard bleu pâle dans un visage de clown blanc un peu froissé par nos levers tôt : pour un collaborateur du journal, et dessinateur de la une de surcroît, le réveil sonnait à l'aube. Il avait l'air d'un enfant triste et sérieux, qu'égayait une chevelure à la longueur peu réglementaire chez ces messieurs des Italiens. J'étais un inconditionnel des dessins de Plantu dont j'ignorais qu'il avait comme tout le monde un prénom – Jean –, et un nom de famille, Plantureux, qui correspondait si peu à sa silhouette de loup maigre et dégingandé. Je m'étais dit qu'il n'avait pas le physique de ses dessins. On lui aurait donné le bon Dieu, sous réserve qu'il existât, sans confession, on aurait juré qu'il avait inventé les amoureux de Peynet. Or le type qui tournait en dérision nos marionnettes politiques et les importants de ce monde, le type qui accentuait la bouche en cul-de-poule de Giscard et la verrue accrochée au visage de Mitterrand, l'impertinent, l'insolent, l'irrévérencieux, c'était lui.

Je crois, mais je n'en mettrais pas son crayon à couper, qu'il portait ce jour-là une chemise à carreaux, et son œil bleu je l'ai dit, interrogateur et un peu rieur, terriblement pénétrant, me rappelait celui, qu'il me pardonne, d'un extraterrestre alors immensément populaire que Spielberg avait nommé E.T. Plantu, dans mon petit bureau 304 des Italiens, était une sorte d'extraterrestre et j'étais un enfant gâté. Cet envoyé des songes tenait entre ses mains les feuillets de mon reportage en Éthiopie, car faut-il le préciser, nous écrivions nos papiers sur du papier. La veille, le premier volet de mon enquête était paru en première page du journal, insigne honneur pour le jeune journaliste que j'étais provisoirement. Et Jean venait d'entrer comme un ouragan, « Il est où le gars qui... ? » Je revois la scène comme si c'était hier, l'émotion, la fierté, Plantu, dessinateur major du *Monde*, voulait illustrer un de mes textes ! Il avait lu le deuxième volet de mon enquête éthiopienne qui résonnait comme un réquisitoire contre les marxistes léninistes au pouvoir et leur incapacité à nourrir le peuple dignement. Mes feuillets tremblaient dans les mains de Jean qui faisait de grands moulinets. L'air du temps n'avait qu'à bien se tenir. C'était le Plantu du *Monde diplomatique*, de *Croissance des jeunes nations*, le Plantu engagé, tiers-mondiste, poétique et donquichottesque à la fois, plume au vent, la mine prête à exploser, celui qui dessinait des gros capitalistes dépenaillés dans leurs costumes noirs, tétant d'énormes cigares, et tapant dans le dos de nègres faméliques en leur susurrant d'un rire gras : « On peut dire qu'on aura fait un bout de chemin ensemble... »

Je sentais l'indignation de Plantu, sa colère, ses « putain ! » rageurs qui, je le découvris avec les années, ponctuaient ses phrases comme des virgules. Je fis remarquer à Jean qu'hélas son dessin ne pourrait pas figurer en première page, à cause du papier paru la veille. Je ne pouvais prétendre obtenir la une deux jours de suite. « Il sera alors très bien à l'intérieur », avait-il répondu grand seigneur. Et c'est ainsi qu'il m'apporta un dessin de format horizontal représentant un champ en Éthiopie. Pas n'importe quel champ. Un dignitaire du régime, sanglé dans sa vareuse militaire, criait aux oreilles d'un pauvre paysan anéanti, le visage vaincu comme dans *L'Angélus* de Millet : « Et ça, ça pousse ! » En lieu et place des céréales espérées, la terre s'était couverte de marteaux et de faucilles. Plantu m'avait offert son dessin que je conservais jalousement dans mon bureau. Il découvrira en lisant ces lignes qu'un matin son œuvre avait disparu de mon tiroir, sans doute volée par un sbire de l'ancien président éthiopien Mengistu dépêché exprès et nuitamment d'Addis-Abeba pour faire disparaître cette preuve éclatante de l'incurie qui sévissait.

Le Monde, 1988.

Heureusement Plantu, lui, n'avait pas disparu, et les années – les décennies – qui suivirent marquèrent les jalons d'une complicité jamais démentie, même lorsque, devenu directeur du journal, j'eus parfois à assumer des arbitrages douloureux sur quelques-uns de ses dessins. Nous reparlerons des mouches – et de leur nombre – dont il affublait Nicolas Sarkozy, de Martine Aubry en éléphant rose, ou d'un camion du groupe Total écrasant des travailleurs birmans avec l'aide de la junte militaire, le jour où Le *Monde* donnait la parole au P.-D.G. du groupe pétrolier.

Plantu ne se prend pas au sérieux. C'est son droit et son élégance. Souvent au journal, on ne l'a pas pris au sérieux. Ce fut sa croix et parfois sa blessure maquillée en sourire. Depuis son adolescence, les adultes, à commencer par ses parents, ont eu une fâcheuse tendance à tourner en dérision ses petits dessins dans les coins. Tout ça ne faisait ni un diplôme ni un métier, croyaient-ils. Il a eu beau prouver le contraire en cinquante ans de dessin fêtés dans cet ouvrage, dont plus de quarante ans au *Monde* et, simultanément vingt-cinq ans à *L'Express*, sans oublier les milliers de dessins publiés dans les plus grands journaux de la terre, Plantu a gardé le doute qui fait payer au talent son tribut de souffrances. Vous ne l'entendrez jamais se plaindre. Il est trop conscient de sa « chance » d'exprimer ce qu'il ressent chaque jour à la une du *Monde*. Il ne s'aime pas assez pour accepter de s'abandonner à la curiosité d'un biographe : moi je, ma vie mon œuvre, ce n'est pas son truc. Le seul livre qu'il ait accepté sur son compte est paru en Turquie, sous le beau titre *Les Ailes de la main*, avec interdiction expresse de traduire ce texte en toute autre langue, et surtout en français. Alors pourquoi a-t-il accepté nos échanges qui donnent lieu à cet ouvrage sans précédent ?

Plantu, quand il vous fait un cadeau, s'arrange pour vous faire croire que ce cadeau, c'est vous qui le lui offrez. Nous échangions un soir quelques souvenirs dans un café de Saint-Germain-des-Prés, le bien nommé *Bonaparte* – dont il rappelle la phrase historique : « Un dessin vaut mille mots. » René Guitton, un éditeur ami qui passait par là, tendit l'oreille et, comme toujours les éditeurs, rêva d'épingler sur papier les idées qui volaient. Plantu était en forme, il parlait de la langue de Coluche greffée au visage rondelet de Raymond Barre, de Tonton 1 et 2, de la chaise à porteurs de Balladur, des caricatures sur Mahomet, de son rendez-vous avec Arafat dans la nuit de Tunis, du temps qui passe et glisse sur la feuille de papier. Le livre était là. Restait à l'attraper.

Pendant plusieurs mois, dans des jardins, au restaurant, dans des cafés, dans son appartement-atelier foisonnant de dessins punaisés, encadrés ou scotchés, dans des bureaux aux murs blancs qu'il faillit plus d'une fois couvrir de traits noirs, sur mes cahiers de notes où dorment désormais, incroyables trésors, un Pompidou à gros sourcils, un de Gaulle bras levés, un Giscard chinois – « un homme politique finit toujours par ressembler à sa caricature », affirme Plantu –, un Hollande-concombre – avec la goutte de sueur au front « car c'est dur de faire le contraire de ce qu'on a dit », toujours selon Plantu –, un Macron propre sur lui tout droit sorti du *Pied-Tendre* de Lucky Luke, un soldat israélien et un soudard serbe, trait fin pour le premier, trait épais pour le second – il dira pourquoi –, partout nous avons parlé avant d'écrire. Avant *Charlie* et aussi, bien sûr après *Charlie*, depuis que l'équipe de l'hebdo satirique – dont tant de ses amis –, est tombée sous les balles des tueurs. Je me souviens de ses mots, le lendemain. « Un coup de crayon ne vaudra jamais un coup de kalachnikov. » Depuis ce temps Plantu ne circule plus sans l'escorte de deux policiers armés et dévoués qui l'accompagnent partout, dorment à sa porte, placent sa vie sous haute surveillance. Qui pourrait imaginer le prix que le plus libre des dessinateurs de presse doit payer pour préserver sa liberté. Pour se garder en vie aussi, lui et tous ceux qui l'approchent, écoliers, étudiants, citoyens de partout, un jour en province, un autre à Molenbeek, sous les auspices de Cartooning for Peace, la fondation que lui demanda de créer Kofi Annan, alors secrétaire général des Nations Unies, en 2006. Une fondation de dessinateurs du monde entier, de toutes les religions, pour « désapprendre l'intolérance ».

Longtemps retardé – les attentats de janvier 2015 avaient donné un coup d'arrêt à notre entreprise –, le livre imaginé avec Plantu a retrouvé tout son sens avec la perspective d'une exposition à la BnF, début 2018, consacrée à ses dessins depuis un demi-siècle. Le fil de la conversation s'est renoué, la gravité n'éclipsant pas la joie de poursuivre sans être dupe. Kierkegaard l'a dit bien avant nous : « Le chemin n'est pas difficile, c'est le difficile qui est le chemin. » Au bout du bout sont apparues les convictions et les blessures de Plantu, ses combats, ses doutes, ses angoisses. Que peut dire un dessin ? Comment peut-il être compris ici et ailleurs, sous des latitudes culturelles éloignées que les réseaux sociaux atteignent en un souffle d'algorithme ? Comment dire aux jeunesses de toutes les confessions qu'il n'y a pas de blasphème dans la caricature du religieux, juste une invitation à réfléchir ensemble, à aller plus loin pour repousser les murs de l'intolérance. Et puis il y a le temps qui passe. L'une des craintes de Plantu est de ne pas faire le dessin de trop. De ne pas se « faisantiser » – allusion à Jacques Faisan que Le Figaro finit par pousser dehors dans son vieil âge. Angoisse aussi d'être le dernier dessinateur en une du Monde, que demain son espace soit remplacé sans crier gare par une photo sans que nul n'y trouve à redire. Quand il évoque ce risque, le regard bleu parfois s'assombrit et étincelle à la fois, j'appellerais ça le bleu Reiser, le bleu laser. Ne rien lâcher.

Au fil de nos conversations, Plantu est apparu dans sa complexité, avec la force de son trait qui ne laisse pas deviner d'incroyables fragilités. Il aime admirer, reste un éternel apprenti, rarement satisfait de son dessin, escroc de lui-même – c'est lui qui le dit –, avec un réel sentiment d'imposture qui le hante et le tourmente, tout en attisant sa curiosité : il se demande bien comment se terminera l'histoire de ce personnage nommé Plantu. Forcément quelqu'un va finir par le démasquer et informer Le Monde – entier – que ce gars-là n'est pas du tout à sa place, qu'il faut le stopper d'urgence. Que la façade du boulevard Blanqui où sa légendaire colombe partage l'espace avec les mots de Victor Hugo est un immense malentendu de 600 mètres carrés. En attendant Plantu dessine, croque, griffe, s'encolère, sourit, car oui, sa souris aussi est dans le coup. Il se raconte par grands traits, puis rentre dans les détails, étire le temps, revient en arrière, repart, s'interrompt, laisse un silence, ses grands yeux écarquillés vers un souvenir ancien, à moins qu'il ne songe à un dessin trouvé illico en tapotant sur sa tablette graphique. Sa mémoire est difficile à prendre en défaut. Il se souvient de tout dans les détails, là où dit-on se cache le diable.

Dessin de la façade du *Monde*, 2004.

Chapitre 1

PLANTU AVANT PLANTU

« Je suis devenu dessinateur car je ne savais rien faire d'autre. » L'aveu est de taille. Il éclaire d'un jour singulier la trajectoire de cet artiste qui, après plus de 22 000 dessins publiés dans les plus grands journaux du globe, paraît toujours devoir s'excuser de sa présence. Et de ne pas être ce que ses parents auraient voulu qu'il soit : un intellectuel, un type qui pense.

« C'est pour moi une déchirure. Je suis très fier de mon boulot. Je n'ai pas à me plaindre, j'ai toujours été aimé au *Monde*. Je passe pour le gars gentil qui dessine pas mal. En réalité, je n'appartiens pas au *monde* des journalistes. Voilà une faille essentielle. Ma personnalité est là-dedans. Je me sens comme le petit garçon qu'on accepte, qu'on a fini par accepter sans s'en rendre compte... On se dit : "Tiens, il est là." On vient de s'apercevoir que ça fait plus de quarante-cinq ans que je suis là. Je fais partie des murs. Mais quand je dessine sur la burqa, sur la Tunisie, sur les Printemps arabes, on voit bien que je ne suis pas de la famille, il me manque quelque chose. J'ai par exemple beaucoup d'admiration pour Régis Debray. Je n'ai aucun complexe mais je me rends bien compte que mon niveau de réflexion n'a pas sa stature. Je le vis très bien, c'est comme ça. »

Voilà tout Plantu en quelques traits à l'évidence caricaturaux qu'il s'inflige tout seul en guise d'autoportrait. C'est l'histoire d'un garçon qui voulait être reconnu grâce à un diplôme et un boulot, rentrer à la maison avec un salaire. Il ne se disait pas qu'il serait un fer de lance, qu'il se battrait pour la liberté. À l'école, il ne comprenait rien comme les autres. Il n'était pas fait comme eux. Pas cancre, non, différent. Une sensibilité à part, un regard, une appréhension du réel qui échappait au lot commun. Une souffrance aussi de se dire : « Pourquoi les autres comprennent et pas moi ? » C'est plus tard qu'il saura provoquer le débat, ouvrir les esprits et les consciences avec son crayon comme un ouvre-boîte.

Le Monde, 1994.

Mais le chemin fut long et semé d'embûches. Tout semblait engagé pour qu'il devienne le raté que ses parents avaient imaginé. Jean se souvient les avoir réveillés une nuit en leur disant qu'il voulait faire de la BD. Une autre nuit c'était pour le théâtre. Chaque fois ils lui ont crié : « Va te recoucher ! » Un jour, le prof de français les a convoqués, leur demandant s'ils avaient de l'argent. « Bah, non... », ont-ils répondu. L'enseignant leur fait comprendre que leur garçon est mal parti avant de leur asséner qu'il n'est rien d'autre qu'un pitre. Les voilà effondrés, se demandant ce qu'ils vont bien pouvoir faire de lui. Jean se dit qu'ils sont grotesques et, dans sa tête, il se marre. C'est drôle et pourtant il pleure aussi. Son père tombe de l'armoire. Centralien de formation, il rêvait de polytechnique pour son fiston. C'était un homme sérieux qui dirigeait le bureau d'études de la gare d'Austerlitz pour le dessin industriel. Son dessin était très léché. Le contraire de ce que son fils ferait plus tard. Plantu se souvient que lors d'une visite en France de la reine d'Angleterre, il fallait prévoir trois marches pour la descente du wagon. C'est son père qui fut chargé de ces trois marches. Et le dessin était superbe. Dans son enfance – le début des années 1960 –, la maison était remplie de pages blanches. Il dessinait au dos des plans de locomotives. Le gamin dessinait, dessinait, dessinait tout le temps. Le dessin était son langage spontané. Plantu, déjà, pensait en images.

Au lycée Henri-IV, les seules bonnes notes qu'il obtient sont en dessin. Le prof s'appelle M. Boulard. Les cours sont facultatifs. Il est le seul élève présent. Cinq à huit heures par semaine, il dessine en tête à tête avec M. Boulard. Il écoute, il apprend. Si Jean a trouvé sa vocation, ses parents ne l'entendent pas de cette oreille. Mais après un détour forcé par la fac de médecine, il part à Bruxelles s'inscrire à Saint-Luc, la seule école de bande dessinée en Europe. Tout de go, il annonce à ses parents qu'il renonce à devenir médecin et qu'il va se marier avec Chantal, une jeune femme qui le préfère en dessinateur plutôt qu'en toubib bidon. La vision de Chantal sera déterminante. Jamais Jean ne se serait lancé dans cette aventure périlleuse sans le soutien de celle qui lui donnera quatre enfants. Ils se marient en 1970, un mariage civil – surtout pas d'église –, et resteront ensemble jusqu'en 2006. « Je revois mon père se lever, à la maison : "Saligaud ! Petit saligaud ! Saligaud !" Il ne m'aurait pas frappé, mais il m'effrayait. Pour lui c'était la honte de la honte : un fils artiste. Dans sa logique de dessinateur industriel de la SNCF, j'allais au casse-pipe… » Les grandes eaux de Versailles coulent chez les Plantureux. « J'avais apporté une bouteille de champagne, croyant que ça serait une fête. » Ma mère pleurait. Ma sœur pleurait. Mon père vociférait. Je me revois encore : je pleure, je vais aux toilettes. Je ferme la porte et, là, je danse à la manière de Claude François. Je pleurais et je rigolais en même temps. Ce mariage des deux, c'est tout à fait moi. Tout ce qui est dramatique est combattu par une pointe incongrue de délire ou de drôlerie… » Où l'on voit que Plantu perce sous Plantureux comme Napoléon sous un Bonaparte encore timide…

À son retour de Bruxelles en 1971, le jeune homme commence à placer des dessins dans les journaux. Il se découvre une ambition qu'il ne soupçonnait pas. Il comprend aussi qu'il fait de la caricature comme M. Jourdain faisait de la prose. Il a un métier dans ses mains et ne le sait pas encore. Léger d'argent, il ne restera que trois mois à Saint-Luc, alors que le cursus est de trois ans. Mais le peu de temps qu'il y passe a été bénéfique. Il s'est initié à la BD, à l'architecture, aux arts graphiques.

« Un de mes professeurs était le dessinateur Eddy Paape. Il avait créé *Luc Orient* aux éditions du Lombard et publiait dans le journal *Tintin*. Quand je lui serrais la main le soir, je savais qu'il avait serré la main d'Hergé. Du coup je ne me lavais pas la main pendant trois jours… »

Génération, 1974.

Certes, Plantu a des progrès à faire. Mais il est fou de dessin. Il sait pourquoi il aime Reiser, les tableaux de David, de Gérôme l'Orientaliste et d'Ingres, les dessins de Cabu quand il dessine Serge Gainsbourg avec Birkin : trois traits suffisent et c'est eux ! Jean dessine comme il peut mais il a ses admirations chevillées au crayon. « Je n'ai pas les bases et je ne prétends pas les avoir. Je sais dessiner à ma manière », dit-il aujourd'hui sans élever la voix. Une manière dont il fera un art. Ses inspirations sont nombreuses et diverses. Le voici en émoi devant *L'Enlèvement des Sabines* au Louvre. Il est amoureux d'une femme complètement dénudée qui se fait voler son bébé. Il se dit : « Ce saligaud de David a demandé à une femme de poser pour réaliser une peinture aussi sensuelle sur une tragédie. Il se moque de la tragédie, il se fait plaisir avec des femmes magnifiques. Quel métier merveilleux ! » Nouvelle émotion avec *Le Bain turc*. Jean se demande comment Ingres a réussi dans une fausse perspective à placer trente femmes superbes, donnant l'impression qu'elles sont devant son nez. Le caricaturiste en herbe bout en pensant : « Il y a un salopard qui a pu se promener dans le bain turc au prétexte qu'il préparait une peinture. » En attendant, Jean s'en met plein les yeux et ne demande pas son reste. L'inspiration, c'est de l'imprégnation. Aiguiser son œil comme la mine de son crayon.

Tout cela, c'est le dessin léché, comme celui de Gérôme l'Orientaliste. Et à côté, il y a Tintin. Hergé représente la bouteille, la table, les verres… et tout tient ! Les lois de l'apesanteur et de l'académisme sont dans les brouillons d'Hergé. Après, il les passe à l'encre et tout tient encore. Plantu vibre devant ces prouesses. « Ensuite, dit-il, il y a Reiser. Il dessine *pffffff* comme ça, et puis tu as la bouteille et le verre qui se tiennent. Tu sens même que ça pue la vinasse. Il est quand même fortiche. Il te fait croire qu'il lui a fallu trente secondes et bien sûr ce n'est pas vrai. Je pense à la formule de Picasso : "Quand j'étais enfant, je dessinais comme Raphaël mais il m'a fallu toute une vie pour apprendre à dessiner comme un enfant." Quant au mec en slip du gros dégueulasse, avec les couilles qui dépassent, j'aime ça aussi.

Clair foyer, 1973.

Le crayon entre les dents, 1976.

La vie, 1977.

Rouge, 1987.

J'aime les deux, le mélange des deux, le côté sage d'Ingres et d'Hergé, le côté irrévérencieux et dévergondé de Reiser. Je suis un enfant d'Hergé et de *Charlie Hebdo*, et je l'ai assumé très tôt. »

C'est par une suite de hasards incroyables que Plantu va devenir dessinateur au *Monde*. Dessinateur, le mot est juste et faible à la fois. Comme sa colombe éclose dans la grisaille de l'austère quotidien du soir, Plantu s'imposera au fil des décennies en emblème du journal, marqueur vivant d'une salutaire impertinence. Au point qu'à Noël 2004, son bel oiseau viendra nicher en grand sur la façade du journal, 80, boulevard Blanqui à Paris, figure de proue de l'immeuble du *Monde* conçu par Christian de Portzamparc, entre le logo en gothique du quotidien et une volée de citations de Victor Hugo sur la liberté de la presse. S'il n'a pas fait médecine, reconnaissons que le jeune homme a soigné son entrée dans le monde. Comment un tel prodige s'est-il accompli ? À écouter Plantu, tout cela paraissait bien improbable…

En 1972, de retour à Paris après avoir exercé sa main dans l'édition belge de *Bonne Soirée*, aucune commande ne tombe. Pour la première fois, il travaille… Mais c'est aux Galeries Lafayette, où il vend des escabeaux et des meubles de cuisine. Il se révèle d'ailleurs très bon vendeur, au point que ses collègues en prendront ombrage. Il retient au passage une leçon : il ne suffit pas de savoir produire, il faut aussi savoir vendre ce qu'on a produit. Il s'en souviendra pour placer ses dessins. Chaque soir, Jean s'installe devant sa télé et prend des notes sur l'actualité, attrapant au vol ce qui pourrait l'inspirer, et inciter une rédaction à tester son trait. La nuit il dessine. Et tôt le matin, avant de regagner son rayon d'escabeaux, il dépose trois ou quatre dessins au gardien du journal *Le Monde*, rue des Italiens, non loin de l'Opéra et des Galeries Lafayette. Des dessins signés Plantu. Le rituel s'éternise. Télé, dessins, dépôt rue des Italiens. Et des mois durant, il ne se passe rien. Un jour, sans se décourager, il finit par solliciter un rendez-vous. Le gardien lui conseille de monter au premier étage, celui de la rédaction en chef. L'homme qui l'accueille s'appelle Bernard Lausanne. Un rédacteur en chef au physique de colosse qui ressemble au général de Gaulle. Il regarde les dessins de Jean, prend son temps, commente : « Je ne vois rien qu'on puisse publier, mais continuez… » À partir de là, pendant trois autres mois, le jeune homme téléphone le matin pendant sa pause pour savoir si son dessin a une chance d'être pris. Bernard Lausanne reste bienveillant. « Continuez à nous envoyer votre travail, ça nous intéresse. » Il lui explique pourquoi il ne publie pas ses dessins, il argumente. Jean essaie de comprendre ce qu'il n'a pas encore saisi pour forcer l'entrée du saint des saints des mots, un quotidien où si peu d'images ont réussi à se glisser. Un matin, la réponse de Bernard Lausanne est un sésame : « Je crois que c'est bien parti. » Plantu n'a pu oublier la suite. « J'ai couru acheter le journal dès qu'il est arrivé au kiosque. À partir de là, j'ai eu trois dessins publiés dans le mois. J'ai reçu un chèque de 600 francs. Je me disais qu'ils étaient fous de payer mes dessins. C'était très bien payé. Un rêve ! Ce samedi d'octobre 1972 où j'ai acheté *Le Monde* avec mon premier dessin à l'intérieur, il pleuvait.

Paris-Match, 2014.

J'étais en Clarks avec des trous. Je marchais au-dessus des flaques d'eau. J'étais ailleurs. J'avais le journal et j'étais ailleurs. »

Page 2 — LE MONDE — 1er-2 octobre 1972 • • •

ASIE

Indochine

La Commission internationale de contrôle transfère son siège de Saigon à Hanoï

La Commission internationale de contrôle créée par les accords de Genève de 1954 sur l'Indochine a décidé de transférer son siège de Saigon à Hanoï à partir du samedi 30 septembre. Cette décision fait suite aux mesures prises par le gouvernement sud-vietnamien contre des délégués indiens depuis que New-Delhi a décidé d'élever en janvier au rang d'ambassade sa représentation à Hanoï. Des représentants canadiens et polonais demeureront cependant en poste à Saigon.

PLANTU

(dessin de Plantu.)

La situation militaire était relativement calme au Sud samedi matin. Cependant, les Américains

MM. Ngo Donc Duc et Pham The Truc, anciens députés du Sud, et des responsables du Mouvement pour l'autodétermination du Sud, des Forces libres du Vietnam, du Mouvement des catholiques au service de la nation, du mouvement Vers le pays viet, de l'Union des Vietnamiens en France, etc. Les participants ont dénoncé « *la répression sans précédent menée par l'administration Thieu à l'encontre des mouvements d'opposition* », « *la campagne d'injures déclenchée par M. Thieu contre les mouvements patriotiques et la communauté des résidents vietnamiens à l'étranger dans le but de camoufler son isolement total parmi les Vietnamiens* »; ils « *exigent* » la libération des personnes emprisonnées, réclament la démission du président et la fin de la guerre américaine.

Le Monde, 1972.

Ce premier dessin, Jean ignore qu'il deviendra sa signature. Il a vingt et un ans, le Vietnam est sous les bombes. Pour un jeune de sa génération, c'est la guerre qu'il ne fallait pas faire. Il n'est pas anti-américain, mais ce combat-là le révulse. Son dessin est assez modéré. Il se demande juste ce que vont donner ces accords entre Kissinger et Lê Đúc Tho. L'image est simple, presque naïve. Une colombe avec un point d'interrogation dans le bec, à propos des accords de Paris entre Lê Đúc Tho et Kissinger sur le Vietnam. De son propre aveu, elle n'est pas très bien dessinée. Elle est très épurée comme souvent les dessins de ses débuts. On peut lire en dessous : *dessin de Plantu*. C'est parti pour un bail. Sa collaboration devient régulière. Le deuxième dessin, qui sera bien plus tard exposé et commenté à Berlin, représente Willy Brandt à cheval sur le mur de Berlin. Oui, cette fois c'est commencé, vite et fort.

Le Monde, 1972.

Le Monde, 1972.

Pour autant, Jean n'est pas intégré à la rédaction. Il devra attendre encore treize ans avant d'en finir avec son statut de pigiste. Il vend des escabeaux et des meubles de cuisine à longueur de journée. À cette époque, il est amoureux de *Charlie Hebdo.* Du dessin vachard qui dit quelque chose. Tout le monde dessine à *Charlie.* Tout le monde, c'est Willem, Cabu, Wolinski, Reiser... Plantu vibre pour l'actualité, adore la politique. L'image le passionne. Son instinct le pousse vers la caricature. Elle lui semble le moyen le plus efficace d'exprimer sa révolte. Quand il se met devant la table de travail, il gratte aussi sa guitare. Alterne accords et dessin. Ne sait pas qu'il est entré dans le métier. Aujourd'hui, quand il s'installe devant sa table de travail, il travaille ! Ni guitare ni rien d'autre pour le distraire.

Évoquant ses débuts, Plantu a un cri du cœur. Il ne lui serait pas venu à l'idée de donner ses dessins à *La Croix* ou au *Figaro.* Pourquoi *Le Monde* ? Parce que c'était la gauche. Sa famille, c'était *Le Monde* et *Le Nouvel Obs* où dessinaient déjà Claire Brétecher et Copi. Une petite blessure revient. Il aurait adoré travailler à *L'Obs.* « On m'a éconduit. Je l'ai vécu difficilement. » C'est bien au *Monde* que sa colombe s'est senti pousser des ailes. Non contente d'être immortalisée sur la façade du journal, elle est devenue l'emblème de son association Cartooning for Peace. « Quand je la regarde aujourd'hui, dit Plantu, je vois aussi que c'est un dessin sans bulle. Dès que je peux trouver un dessin silencieux, je préfère. Pour séduire les rédacteurs en chef le matin, parmi mes quatre ou cinq propositions, je glisse un dessin silencieux. Je me dis qu'ils ont peut-être envie de ce genre-là, sans commentaire. En 1978, j'avais représenté Carter en Oncle Sam qui menaçait l'Italie parce que les Italiens avaient désigné des ministres communistes. Ce dessin fit la une pour la première fois depuis que je dessinais pour *Le Monde.* » Une exception qui deviendra une règle à partir de 1985. Dès lors, qui dit Plantu dit première page du journal, rires et grincement assurés. Plus de trente ans en haut de l'affiche.

Le Monde, 1978.

Le Monde, 2015.

Tout au long de ce long parcours qui l'a fait descendre d'un escabeau pour grimper sur le toit du *Monde*, Plantu n'a cessé d'ouvrir les yeux et d'apprendre jour après jour, dessin après dessin. Il apprend le sens du mot synthèse. Retient ce qu'il croit comprendre de l'actualité et tente de tout ramasser d'un coup de crayon. Avec parfois un brin de naïveté, péché de débutant. « Quand j'ai vu Mitterrand la première fois en 1977, à la fin d'une conférence de presse sur le nucléaire, je lui ai demandé ce que je pourrais dire de son intervention. Il m'a répondu : "C'est vous, le journaliste, ce n'est pas moi !" Il a pensé que j'étais con, c'était quand même embêtant… » Le style Plantu naît de son travail acharné et de ses sources d'inspiration de toujours. Sans cesse il transforme et détourne pour s'inventer lui-même comme dessinateur. Il fait sien ce mot d'Alechinsky : « L'artiste tord la vérité pour dire la vérité. » C'est son credo et sa marque. Prendre à la culture BD ou à la peinture – il montre un de ses dessins inspirés de Delacroix –, et forger son propre univers dans le feu de l'actualité. Son admiration pour Reiser transparaîtra dès ses premiers dessins politiques publiés dans *Le Monde*. En 1971, la Jordanie s'en prend violemment à l'OLP de Yasser Arafat. C'est Septembre noir. C'est aussi l'année Beethoven. Plantu mélange les deux événements. On voit deux Palestiniens et ils disent : « On s'en souviendra de l'année Beethoven ». Plantu s'affirme. « C'est idiot et c'est génial de faire se télescoper deux sujets qui n'ont aucun rapport entre eux », lance-t-il avec malice.

Et ce n'est pas fini. En 1974, Monseigneur Makarios, président de la République de Chypre, est déposé par un coup d'État en même temps que Monseigneur Daniélou meurt dans les bras d'une prostituée. Gros scandale en France, explosion à Chypre. Dans *Le Canard enchaîné,* un dessin de Lap montre Daniélou qui monte au ciel et rencontre Makarios. Ce dernier lui dit : « Vous devriez aller à Chypre, il y a un de ces bordels ! » Plantu, si on peut dire, est aux anges. La synthèse, c'est une bonne mayonnaise qui prend.

À la mort de Reiser, en 1983, il se souvient d'avoir dessiné pour la première fois une couille à la une du *Monde*. Personne n'a rien vu ! Hergé avait disparu quelques mois plus tôt. Jean représente Tintin en pleurs sur un nuage, rejoint par le gros dégueulasse qui pousse les portes du paradis avec le bijou de famille qui sort du slip. Aujourd'hui encore, un œil averti voit de drôles de scènes sur le fronton de l'Assemblée nationale sous le trait du facétieux dessinateur. S'il a véritablement bouleversé la culture visuelle du monde, c'est surtout en y faisant entrer la bande dessinée. Ce n'était pas gagné. À ses débuts, le directeur s'appelle Jacques Fauvet. Plantu caricature les frères Willot – de riches industriels du Nord – en Dalton.

***Le Monde,* 1978.**

« Ils étaient quatre frères qui dirigeaient Le Bon Marché. Ils avaient fait de la taule pour maquillage des comptes, raconte Jean. Fauvet m'a demandé : “Qui sont ces types en costumes ?” J'ai répondu : “C'est les frères Willot en Dalton.” Fauvet ne connaissait pas les Dalton. J'ai précisé qu'il s'agissait de personnages de Lucky Luke, d'après Morris. “Lucky Luke, qui est-ce ?” m'a demandé Fauvet. » Plus tard, quand Chirac connaîtra des problèmes d'audition, il apparaîtra en première page du *Monde* sous les traits de Tournesol, au grand dam des associations de malentendants. Quand à Sarkozy, il sera croqué en Iznogoud et en Schtroumpf. Plantu s'explique : « Je n'ai jamais dessiné Chirac en slip avec des couilles qui dépassent.

***Le Monde,* 1983.**

Le Monde, 2006.

Je ne dessine pas non plus mes personnages avec la tendresse exagérée d'Hergé. Quand la marmite bout, j'ai envie de le raconter, alors que dans Tintin elle ne bout jamais. J'ai toujours revendiqué mes admirations. Sempé, Gotlib, Konk qui dessinait depuis 1969 dans les pages politiques du *Monde* et que j'aimais énormément. Les petites bulles appartiennent au langage *Pilote*. C'est un code. *Pilote* a été un choc : la « rubrique-à-brac » de Gotlib, les dessins de Morris qui racontait le Far West avec beaucoup de décalage dans *Lucky Luke.* » Quant à la souris devenue une coqueluche presque obligée de ses dessins, Plantu lève un pan du voile sur ses origines. « On m'a souvent dit que ma petite souris rappelait la coccinelle de Gotlib. En réalité, quand j'étais enfant, je lisais les BD de Disney où Géo Trouvetou le scientifique était accompagné de Filament, un petit robot malin avec une ampoule en guise de tête.

Le Monde, 2007.

Filament est présent dans chaque case de *Géo Trouvetou.* Moi, je cherchais toujours Filament. »

Avant d'être catapulté à la une, armé de son bagage de plus en plus dense et de ses références personnelles affirmées, Plantu choisit de dessiner sur les sujets qui l'inspirent. Quand André Laurens, tous les samedis à partir de 1983, puis André Fontaine, deux ans plus tard et tous les matins, lui demandent un dessin sur un thème qu'ils choisissent eux-mêmes en fonction de l'actualité, l'exercice devient plus périlleux. Comment accrocher l'attention sur commande, sur un thème qui inspire plus ou moins ? « J'ai senti le poids de ma responsabilité et la magie qui s'opérait, se souvient Plantu. Mon dessin a sa valeur propre que je revendique. Mais son autre valeur, c'est d'être porté par la une du journal. Comme dessinateur, je considère que *Le Monde* est mon Académie française. Pourquoi ai-je fait dix fois le tour de la planète ? Pourquoi Yasser Arafat a-t-il voulu me voir une nuit à Tunis à 3 heures du matin ? Ce ne sont pas seulement mes dessins. C'est parce que je suis le dessinateur du *Monde* que tant de portes se sont ouvertes. »

Il est temps d'en pousser quelques-unes…

Le Monde, 2012.

ans
"Monde"...

Le Monde, 2013.

Chapitre 2

BESTIAIRE POLITIQUE

C'est un instant rare et saisissant d'être petite souris – suivez mon regard – et de voir Plantu dessiner. On ne sait pas ce qu'il voit de ses yeux clairs délavés, mais son crayon – ou son feutre – paraît tracer une route sûre et balisée. Son dessin est d'abord un dessein. Un but qu'il poursuit trait après trait, pour que le personnage croqué se ressemble et se rassemble dans ce qui le résume. Qu'un détail dise le tout. La fameuse synthèse appliquée à un protagoniste de la vie publique que les lecteurs sont habitués à voir à longueur de journée à travers les journaux et la télévision désormais démultipliés à l'infini par le miroir numérique. D'où vient cette manière de Plantu qui lui permet de saisir ce qui fait mouche et fait date, de Giscard en chinois à Macron en pied-tendre, en passant par les verrues de Mitterrand, la perruque de Balladur, le drapeau français piqué dans le crâne de Chirac ? Comme d'ailleurs les mouches voltigeant autour de Sarkozy ou la face de concombre de l'ancien président Hollande ?

Le feutre crisse, la main gauche fait des embardées, ça va vite, ça commence bizarrement, une bouclette, quelques points, des tirets, une sorte de morse que le dessinateur est seul à comprendre avant que soudain surgisse une expression familière – bon sang mais c'est bien sûr ! –, et voici le bestiaire de Plantu qui s'anime, tout le personnel politique de la Ve depuis Pompidou et Giscard, avec quelques morceaux choisis et désormais immortels, Mitterrand

dansant le hip-hop en baskets, casquette à visière retournée au front, Sarkozy à la coupe de cheveux coupante comme un rasoir, la cravate et la mine de travers de Hollande.

Plantu vous observe et il voit tout. Cette acuité, il la fait remonter à ses quinze ans, lors d'un voyage scolaire en Allemagne. Il a séché les cours pour filer devant l'affiche d'un film avec Eddie Constantine. Le dessin, un simple trait, rend évidente la présence du comédien américain. Il s'abîme dans l'observation de l'affiche comme Maupassant restait des heures devant un pommier pour en étudier le moindre détail, à l'instigation de son maître Flaubert. Plantu possède l'œil absolu. Il voit ce qui est, mais aussi ce qui sera. Une fois que son crayon est passé, on ne voit plus rien comme avant.

Au *Monde*, ce regard aiguisé lui a joué un premier tour en 1978. Voilà que Jean se met à représenter François Mitterrand constellé de verrues. Comment ? Le champion de l'Union de la gauche affligé de tubérosités ? Le directeur, Jacques Fauvet, s'étrangle. Mitterrand, c'est l'espoir. L'espoir de la gauche. Ni la gauche ni l'espoir ne peuvent souffrir pareille offense. C'est inimaginable. « J'ai été interdit de verrues pendant plusieurs années, se souvient Plantu. Ils n'en voulaient pas au journal, mais avec le temps, j'ai tout de même réussi à les caser. »

À ses débuts au quotidien du soir, il se fait la main sur Pompidou. Fastoche, Pompidou. Les sourcils épais, la cigarette au bec. Simple et efficace.

Le Monde, 1980.

SECOND GOUVERNEMENT MESSMER Dévoué au président de la République... *Le Monde* du 9 avril 1973.

Le Monde, 1973.

Le Monde, 1992.

Le Monde, 2012.

Comme son de Gaulle : le képi, les grandes oreilles, la bouche toute ronde, la veste militaire et le geste du « Je vous ai compris ! » Du minimalisme qui en dit le maximum. « De Gaulle, explique Plantu, je suis allé à son enterrement, mais je l'ai dessiné quand il était mort. Quand il y a eu le coup d'État des généraux, je pense qu'il a dû remettre son képi. Il a gardé son uniforme jusqu'en 1962, à la fin de la guerre d'Algérie. Après les accords d'Évian, il est toujours resté en civil. Mais je l'ai représenté souvent en général. D'abord, parce qu'un dessinateur fait ce qu'il veut : pour moi, de Gaulle, c'est le chef et il est grand. Et puis, c'est beau à dessiner, un costume militaire. C'est plus intéressant à dessiner qu'un costume normal. » Dont acte !

Parfois Jean est à la peine. Certains « clients » ne sont pas de bons clients. Il doit se creuser pour les faire entrer dans son crayon. Ainsi Giscard à qui il a d'emblée donné son petit côté chinois. « Il a fini par ressembler aux caricatures que je faisais de lui il y a quarante ans. Maintenant on dirait un mandarin. » Mais sur le coup, Plantu bataille pour représenter ce président à l'allure juvénile, long et fin, ce qui ne fut pas le cas de son second Premier ministre, Raymond Barre, aux rondeurs

Le Monde, 1999.

inspirantes. Jean trouve finalement un truc pour attraper VGE : le petit catogan dont il affublera plus tard Édouard Balladur. De façon subliminale, il nous emmène directement à la cour de Louis XV. L'ancien ami de trente ans de Chirac, devenu Premier ministre de Mitterrand avant de rêver du pouvoir suprême, recevra de notre dessinateur l'onction fatale : la chaise à porteur. Dur de faire peuple quand on se trimballe à dos de laquais.

Le Monde, 1987.

Bien sûr, la ménagerie évolue avec le temps et les circonstances. Le Raymond Barre de 1986 ne ressemble plus à celui de Matignon dix ans plus tôt. Plantu lui donne un côté bonhomme en lui greffant une petite langue qui dépasse. Elle apparaît du jour au lendemain après la mort de Coluche. Jean se sent orphelin de l'humoriste et de la langue qu'il lui collait. Il lui trouve un autre porteur qui en sera ravi. « J'aime beaucoup la petite langue que vous me faites », lui écrit l'intéressé.

Le Monde, 1988.

Avec Mitterrand, pas celui de l'espoir sans verrues, mais le président en majesté, Mitterrand I puis Mitterrand II, le caricaturiste du *Monde* a le temps et des milliers d'occasions de parfaire son modèle, de le faire évoluer, de se moquer mais aussi de retenir son crayon quand la maladie engagera son travail de mort. Le Mitterrand de 1981 est aminci, les angles vifs, séducteur et farouchement homme de pouvoir. Quand Jean apprend que l'animal s'est fait limer les dents pour avoir moins l'air de rayer le plancher, son crayon en prend bonne note… Jusqu'ici, il avait plutôt insisté sur ses pattes fournies descendant à mi-joue, guère différentes de celles d'un certain Emmanuel Macron. Plantu l'avoue d'ailleurs : si l'actuel président n'est pas aisé à représenter, les premiers traits qu'il dessine, au niveau du crâne, sont ceux qu'il employait pour Mitterrand. C'est ensuite que tout change, lame de couteau pour Macron, loin de l'arrondi réservé à Mitterrand.

Non publié, 2017.

Le Monde, 1984.

Le Monde, 1981.

Lorsque ce dernier entre à l'Élysée, une crise couve au journal. Jacques Fauvet est un inconditionnel de Konk, le « crayon major » du *Monde*. Plantu l'admire. Mais Konk sent le soufre par ses provocations qui ont fini par déplaire.

L'historien Patrick Eveno raconte ainsi cet épisode douloureux dans son *Histoire du journal* Le Monde *: 1944-2004* : « Le 25 février 1982, écrit l'universitaire, Jacques Fauvet annonce sa démission à compter du 31 juillet. Avant de quitter son poste, il fait un dernier cadeau au président en licenciant le dessinateur Konk, coupable de lèse-majesté à répétition, ce qui permet à Plantu, plus favorable à François Mitterrand, d'occuper la place de premier caricaturiste du journal. En 1982, Konk représente le président de la République sous les traits peu sympathiques d'un homme émacié, voûté et désabusé, alors que Plantu le dessine en homme d'action et de réflexion. L'affrontement entre les deux conceptions du personnage est illustré par le dernier dessin de Konk paru dans *Le Monde* du 16 avril 1982 et par un dessin de Plantu paru le lendemain. Dans les deux cas, il s'agit du même sujet, le voyage de François Mitterrand au Japon. Konk dessine un Mitterrand présentant quelques camemberts à trois Japonais goguenards qui disent : "Je crois qu'on va prendre celui-là." Le lendemain, Plantu se charge de redorer l'image du président en le campant en fier karatéka qui brise d'une manchette énergique la barrière douanière japonaise. Le point de non-retour est atteint : Konk doit quitter *Le Monde*. »

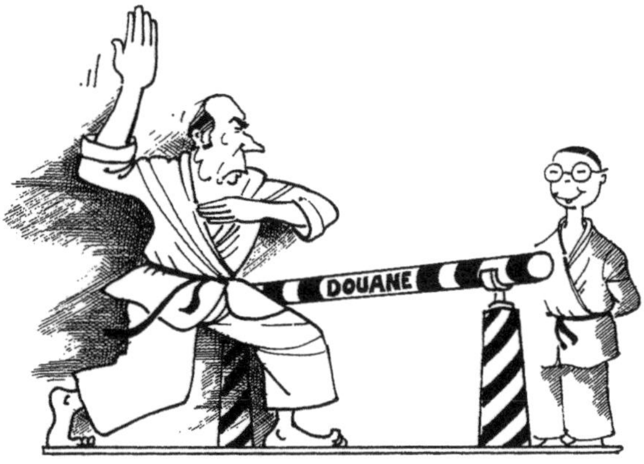

***Le Monde*, 1982.**

Une vision qui indigne Plantu. « Il faut rappeler que ce livre a été écrit pour glorifier Jean-Marie Colombani, directeur du journal à l'époque de sa parution, avec lequel j'étais en opposition totale. Il n'a jamais été question de virer Konk du *Monde*. C'est lui qui est parti tout seul et je me souviens l'avoir appelé pour lui dire "Ne fais pas cette connerie-là, tu vas te le reprocher plus tard." Il aurait suffi à cet historien de m'interroger cinq minutes. Il a préféré inventer. Il suffit pourtant de regarder mes dessins. Si j'étais dans l'hagiographie, pourquoi aurais-je fait un dessin en décembre 1981 où je dis que Mitterrand a un cancer ?

***Le Monde*, 1981.**

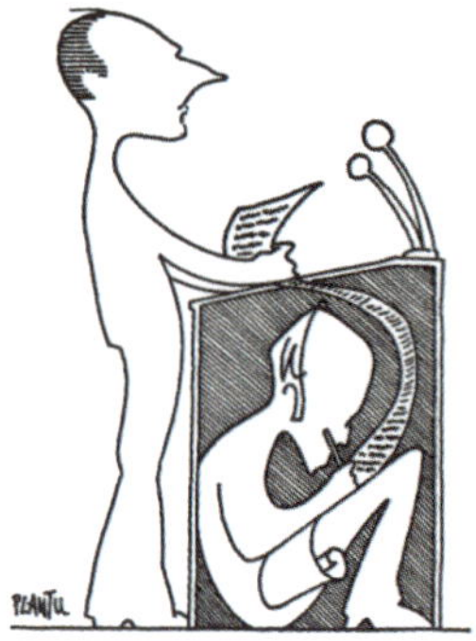

Même chose pour Chirac : l'homme politique évolue, le dessinateur aussi.

Il paraît que ça s'appelle le style. Mon Chirac, je dis bien, <u>mon</u> Chirac a évolué

La petite goutte sous la bouche. Aujourd'hui, je la dessine moins souvent.

En fait, le dessin raconte une « idée de Chirac » plutôt que Chirac lui-même.

La France à la baguette, Seuil, 2002.

Il est passé dans la première édition, mais il a disparu de la seconde parce qu'on ne devait pas toucher au cancer. » Pour autant, lorsque le président tombe malade en 1993, Plantu s'abstient de le montrer diminué. Quand Cabu, dans *Charlie Hebdo*, le dessine vert dans son cercueil, il le montre en une du *Monde* faisant les pieds au mur. Un vrai travail de fiction. « J'étais content de lui adresser ce geste amical, sans le connaître vraiment. Dès que je l'ai su malade, je l'ai représenté exprès tout à fait normal. J'ai continué à publier des dessins critiques sur Mitterrand, mais sans m'occuper de sa maladie. On peut dire que c'est de l'autocensure, mais cela correspondait à mon éthique. » Mitterrand, Plantu l'a peu rencontré. Mais le président lui écrivait souvent. Il se souvient d'une séquence avec le roi Hussein de Jordanie, lors d'une conférence de presse très « langue de bois ». Jean se fend d'un dessin à chaud, lève le doigt et demande à Mitterrand de réagir. Il veut savoir si le président aurait rédigé une autre bulle. Mitterrand sourit, se moque du caricaturiste et lui dit gentiment qu'il devrait lui demander plus souvent son avis sur ses dessins…

Avec Chirac commence une autre ère. Marquée par une évolution du regard. Du Chirac facho au Chirac débonnaire. C'est la force de Plantu. L'intelligence de son crayon, c'est de n'être pas figé. Des dessins du Chirac carnassier, il en a publié à la pelle. C'est l'air du temps des années 1980, Chirac le bonapartiste, le coup d'État permanent (référence mitterrandienne…), Facho-Chirac. « Graine de dictateur et arriviste forcené », écrivait l'éditorialiste du *Monde* Pierre Viansson-Ponté. Quand le maire de Paris devient chef de l'État, Plantu est comme beaucoup de Français : il ne le voit pas dans le rôle. Est-ce la ringardisation de Chirac par les Guignols, sa dimension d'éternel perdant après deux échecs dans la course à l'Élysée ? Il ne semble guère avoir la carrure. Plantu cherche le moyen d'en faire un véritable président. Il a la solution : lui planter un drapeau tricolore sur la tête.

***Le Monde*, 2005.**

« Parce que, comme Hollande, je ne l'ai pas vu venir. Je n'ai pas pensé une seconde que Chirac serait crédible en président de la République. Et même quand il fonce dans sa voiture encadrée par les motards, en 1995, je n'y crois pas. Je lui faisais alors un petit fil ou un cheveu sur le haut du crâne. Comme il n'était pas crédible à mes yeux, je lui ai ajouté un drapeau pour l'asseoir en républicain. La hampe était là, alors je pouvais planter un petit drapeau, un côté bleu-blanc-rouge.

L'habit peut faire le moine. » Ce qui n'empêchera pas Plantu de le représenter cruellement en magicien sans baguette magique devant les échecs répétés de sa politique.

L'Express, 1997.

Est-ce parce qu'il est en soi une caricature de lui-même ? Qu'il soit ministre, candidat, rejeté par les siens ou président adulé, Sarkozy électrise Plantu comme il électrise la France entière. Ainsi débute un singulier compagnonnage entre le dessinateur du *Monde*, Nicolas Sarkozy et une volée de mouches impossibles à chasser. Le 14 décembre 2005, Jean représente le président Jacques Chirac déposant une gerbe à la mémoire des esclaves. Dans son

Le Monde, 2005.

dos, un élu UMP, en short et casque colonial, murmure une traîtrise à l'oreille du ministre de l'Intérieur, Nicolas Sarkozy. Il fait chaud, la mouche vole bas, comme aimantée à celui qui a trahi Chirac pour Balladur en 1995. Aussitôt Nicolas Sarkozy dépêche un motard pour porter une missive à l'impertinent.

« *Même s'ils m'épargnent rarement,* écrit Sarkozy, *je puis vous dire que je suis un grand amateur de vos dessins. Vous m'avez parfois fait beaucoup rire et je vous en remercie.* »

Passé le compliment vient l'attaque feutrée sous forme de déploration :

« *Je n'ai pas manqué de remarquer un détail : une mouche. Je sais qu'elles accompagnent généralement la représentation de Jean-Marie Le Pen. Je voulais simplement vous dire que ce détail, même insignifiant, m'a étonné, et pour tout dire attristé* [...]. *J'imagine donc que cette mouche malencontreuse ne peut être le résultat que d'un malentendu. Je suis prêt à m'en entretenir avec vous, afin de le dissiper le plus rapidement possible.* »

Bien sûr, Plantu se garde de répondre. Et comme il se doit au nom de l'indépendance sacrée du dessinateur, refuse de rencontrer Sarkozy. Il se contente le lendemain, de dessiner trois mouches au lieu d'une seule... Et ces drosophiles sont devenues aussi collantes que le sparadrap du capitaine Haddock. Début 2007, devenu directeur de

Le Monde, 2017.

la rédaction du *Monde*, je me souviens d'un appel matinal du futur président se plaignant auprès de moi de ces satanées mouches. Alain Minc, qui présidait le conseil de surveillance du journal, me pria de convaincre Plantu d'arrêter avec les mouches et autres attributs. Entretemps, Jean avait aggravé son cas, ajoutant à « Sarko » un brassard rouge frappé des lettres *IN* (pour « identité nationale », le nom qu'il voulait donner à un futur

Le Monde, 2007.

ministère contrôlant l'immigration) rappelant nettement celles du FN installées à la manche d'un Le Pen très mussolinien. Une autre fois, Plantu avait même dessiné son souffre-douleur en roquet de Bush. Sur ce point, il m'avait d'ailleurs un brin roulé dans la farine. Dans son crayonné matinal, Jean m'avait montré un Bush tenant un chien en laisse, un chien tout à fait banal. C'est seulement quelques minutes avant le bouclage, lorsqu'il m'apporta son dessin définitif, que je découvris le cabot avec les traits de Sarkozy.

« Oui, je t'avais joué un tour, s'amuse Plantu. Mais pour Sarkozy, il provoquait lui-même la réaction qu'il redoutait. En se plaignant d'une mouche, il en créait trois. En mars 2007, je l'avais représenté en douanier réprimant le droit d'asile, avec sa mouche au-dessus de sa casquette et son brassard *IN*. Il faut revenir au contexte de cette époque. J'ai tordu le cou à la rumeur. Depuis des mois, on entendait partout que *Le Monde* roulait pour Sarkozy. Quand Alain Minc fit savoir qu'il voterait en sa faveur, j'ai eu d'autant plus envie de réagir.

Le Monde, 2006.

Le Monde, 2007.

Quand j'ai remis des mouches, on a moins accusé le journal d'être sarkozyste. Sarko impressionnait tellement que s'il y avait eu un pétochard à la rédaction en chef, ma liberté de dessinateur aurait pu être compromise. Ce qui m'a amusé, c'est que Sarko ne protestait pas de se voir en Iznogoud, celui qui veut être calife à la place du calife. Que je le dessine en traître ne semblait guère le choquer… »

Avant la présidentielle de 2007, alors directeur de la rédaction du journal, je m'étais bien gardé de faire part à Plantu des pressions m'incitant à couper les ailes de ses mouches. Une fois Nicolas Sarkozy élu en revanche, je lui ai demandé de les faire disparaître. Ce n'était bien sûr pas le fruit d'une injonction extérieure. Je considérais que la fonction du chef de l'État devait être respectée. Les mouches pouvaient laisser croire que *Le Monde*, à travers son dessinateur, contestait le choix démocratique des Français. Sarkozy avait gagné. Plantu devait représenter un président. Une consigne qu'il suivit selon sa libre interprétation. Un matin peu avant

Le Monde, 2008.

le bouclage, j'avais surpris un échange entre Jean et un rédacteur en chef qui tenait plutôt du marchandage. « J'avais négocié le nombre de mouches que je pouvais remettre, raconte Plantu, l'œil qui brille. Nous étions tombés d'accord sur trois. Ce responsable de l'édition m'a appelé, furieux. "Jean, c'est quoi toutes ces mouches ? J'ai compté huit. On avait dit pas plus de trois !" Dans mon souvenir, on avait même dit zéro… »

On aurait tort de voir là une lubie ou une facilité. Les mouches ne sont pas gratuites. Comme n'était pas innocent cet Iznogoud venu au bout du crayon de Plantu. Les mouches étaient d'autant plus difficiles à éliminer qu'elles étaient arrivées naturellement. Le déclic, dans le souvenir du dessinateur, s'était produit dès 1995, quand Sarkozy avait plutôt rendu Chirac sympathique à Plantu. « Dans *Le retour d'Iznogoud*, dit Jean, je montre un grand silence. Sarkozy réfléchit et quand il y a un grand silence, pour habiter le silence, il faut une mouche. C'est peut-être la première mouche que j'ai dessinée… Après, quand Sarko parle de l'identité nationale en 2006, une facilité de gauche peut laisser croire qu'il va flirter avec les idées du Front national. Comme je suis caricaturiste, je force le trait. Sarkozy parle d'identité nationale, j'écris *IN* sur le brassard, c'est une manière de prévenir d'un glissement. Un glissement légèrement facho ? Le dessin le dit, ce n'est pas forcément ce que je pense. Mais je force le trait pour provoquer le débat. Même si mon dessin est faux, le débat sera vrai. »

Si le diable est dans les détails, le détail peut parfois prendre la dimension d'un éléphant. Ainsi naquit une nouvelle affaire, avec Martine Aubry cette fois, devenue première secrétaire du PS après une élection contestée contre Ségolène Royal. J'ai encore à l'oreille la voix navrée d'Alain Minc au téléphone.

Le Monde, 2015.

Le Monde, 2008.

« Vous avez vu comment Plantu a dessiné Martine Aubry ? » Je réponds « non, je suis loin » – j'étais au Mexique… « Martine est une vieille copine, poursuit Minc. On a fait l'ENA ensemble. Ce n'est pas possible de la caricaturer en gros éléphant. » Je manque m'étouffer de rire. J'alerte la rédaction en chef à Paris, qui me transmet le dessin publié le matin. Le lendemain, Jean a rectifié le tir. Martine Aubry a sérieusement maigri. Elle tient sous son bras une peluche d'éléphant rose qui lui ressemble comme deux gouttes d'eau. « La vraie, la plus intéressante, c'est la peluche ! réagit Plantu, qui ignorait l'intervention de Minc. Je ne connaissais que la partie de l'histoire avec le rédacteur en chef qui m'a convoqué dans son bureau après ton appel. Aussitôt il commence : "Il y a un problème avec Martine Aubry. Ce n'est pas possible." Je lui demande ce que j'ai fait. Je ne vois pas où est le problème. Il continue : "Elle est vraiment trop grosse." Et il ajoute : "En plus, la trompe que tu lui dessines…" Je lui réponds que c'est un éléphant. Il insiste : "La trompe que tu lui dessines…" Je ne comprends pas. "C'est une trompe, mais pas seulement !" Il y voit autre chose, un symbole phallique… Que faire ? "Écoute, me dit-il, c'est une femme, et elle est dessinée en grosse." Je lui réponds que les fables de La Fontaine, ce n'est que ça. J'aurais le droit de représenter Sarkozy ou Raymond Barre en éléphant, mais pas Martine Aubry, sous prétexte que c'est une femme ?! C'est presque du sexisme à l'envers. Malheureusement, il mettait le doigt sur un sujet sensible avec la montée du politiquement correct. À partir du moment où beaucoup de gens finissent par dire : "Martine Aubry en éléphant, ce n'est pas bien pour l'image de la femme", c'est ce qui l'emporte. Pour m'en sortir, j'ai donc dessiné une petite Martine Aubry plutôt mignonne et la grosse peluche qui au final était bien plus ressemblante. Voilà, j'ai obéi au responsable du journal. Sans savoir que Minc y avait mis son nez, ou sa trompe… De toute façon, conclut Plantu, un homme ou une femme politique finit un jour ou l'autre par ressembler à ses caricatures. Quand je me brosse les dents et que je me vois dans la glace, je vois le dessin que je peux faire de moi pour dans vingt ans. La glace fait le boulot pour moi. Dans le miroir, mon regard ne fait pas de cadeau. C'est dur de penser en images et d'être caricaturiste. Je vois l'avenir et c'est fatigant. »

Le Monde, 2009.

L'avenir de François Hollande était-il de finir en concombre ou en pépère-mobile ? C'est en tout cas l'image qui inspire notre ami quand il s'attaque au président issu des urnes en 2012. Ce qu'il montre d'abord, c'est son regard. Dans la vie, Hollande a des lunettes rectangulaires, mais pour Plantu ça ne marche pas Quand on est simple, ou normal, on porte selon lui des lunettes rondes. L'œil est plus naïf comme ça. Il a un petit nez busqué, et comme la joue est très importante, il la rajoute par-dessus. Ce n'est pas un sourire carnassier, ce n'est pas Sarkozy.

Non publié, 2014.

Puis le tout se termine en concombre, pourquoi pas masqué. C'est un concombre qui fond. Un concombre russe. « Un malossol ou molassol, s'amuse Jean… On croit qu'il est mollasson, en fait il est molassol. Après je rajoute un début de petite bouclette. Il n'a pas les cheveux comme ça, mais c'est comme ça que je le vois… Et si possible je mets une petite goutte, et voilà ! » Pourquoi une goutte sur la tempe ? La réponse cingle. « Pour montrer que c'est dur de dire le contraire de ce qu'on a promis. Le gars n'est pas franc du col, il est un peu défait. Il n'arrive pas à mettre la cravate droite. Les traits majeurs de Hollande pour moi, continue Plantu, c'est son regard, cette goutte de transpiration, ses joues et son col. Et son côté concombre. Je l'ai aussi dessiné comme le petit bonhomme de Sempé.

***Le Monde*, 2016.**

C'est bien lui. Le petit mec à l'imperméable qu'on ne voit pas venir. Il dit : "je suis un gars normal, j'ai ma p'tite deux chevaux… ah, il n'y a pas d'essence ?" Et ça le rend sympathique. "Ah, je n'ai pas de monnaie…" il fait ça très bien. On le voit et on se dit : bon, on va prendre celui-là alors. En plus, il est moins cher. Au bout du compte, c'est lui et la gauche française ingérable qui auront détruit la gauche ».

Depuis ses premiers dessins dans *Le Monde*, Plantu a certes acquis de l'expérience et du métier. Mais il ne s'attache en rien à une ligne politique. Il ne se lève pas le matin en ayant à cœur de suivre un programme. Rien n'est réfléchi. Tout vient à l'instinct, à l'influx nerveux aiguillonné par deux contraintes, de temps et d'espace. Le dessin, il y pense la veille au soir, le commence à l'aube pour le rendre un peu avant le bouclage de 10 h 30.

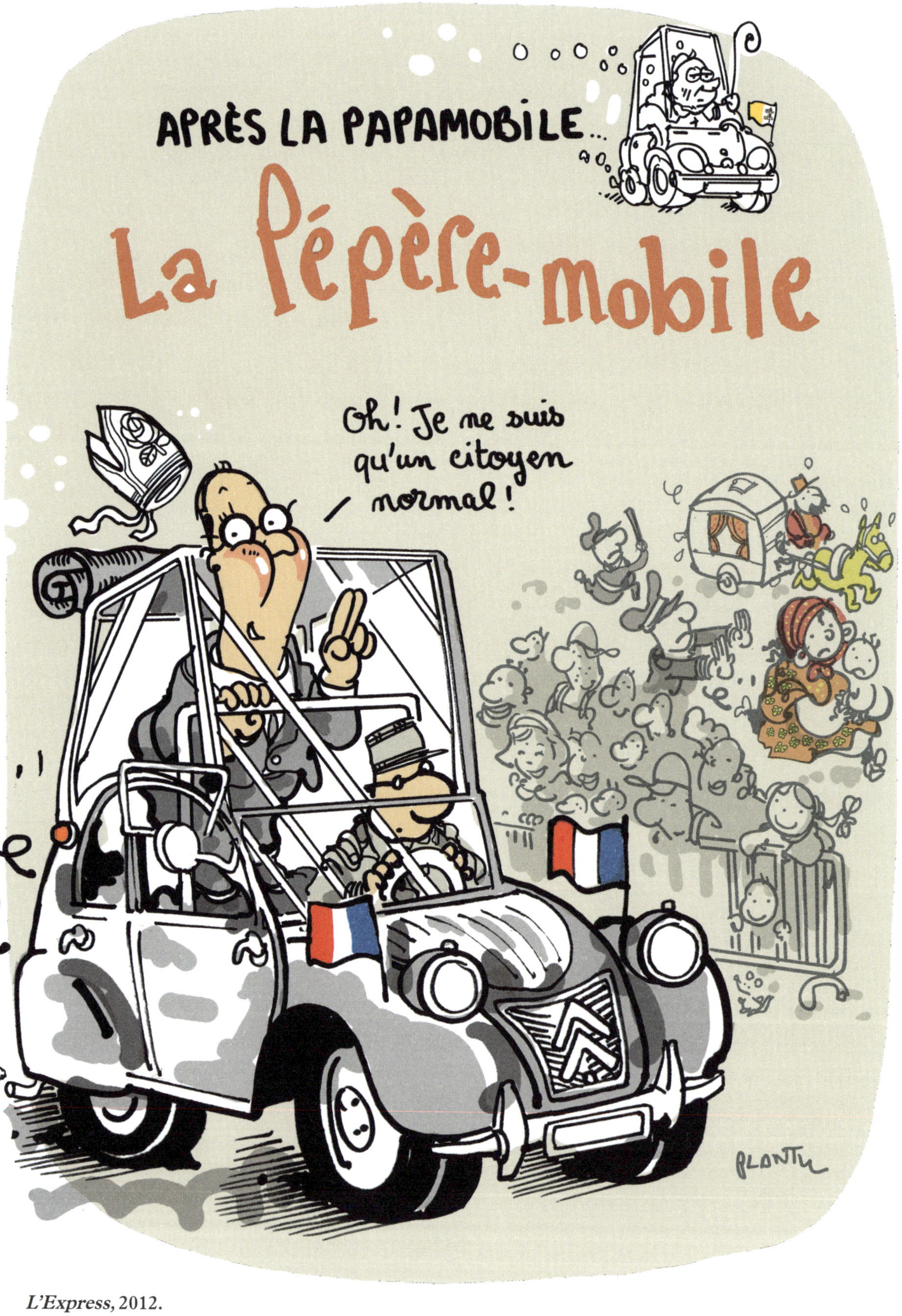

L'Express, 2012.

Il doit aussi se couler dans un format, visualiser son trait sur une surface de 13,1 sur 8,5 centimètres. Toujours le sens de la synthèse, selon un procédé artisanal qui fait la part belle à l'improvisation, une sorte de veille flottante qui lui permet soudain de dégainer un dessin. Une arme qu'il utilise non pour détruire, mais au pire pour se venger d'une frustration née d'un acte ou d'une prise de position qui l'aura heurté. « Mon crayon s'agite de telle manière, en accord avec ma pensée. Je dirais même que mes dessins sont plus intelligents que moi parce qu'ils disent plus précisément une pensée politique. Je suis tellement obnubilé par le temps qui passe, la pendule qui tourne. C'est dur le matin. Je ponds le dessin, et c'est après seulement que je vais peut-être réfléchir à ce que j'ai fait, mais pas sur le moment. Ma main bouge avec le crayon, il fait ce que je lui dis, mais je vois bien parfois qu'il fait des choses qui m'échappent. »

Plantu le dit sans le dire, mais on l'a compris. Son artisanat est un art d'exécution. Deux derniers exemples pour la route ? L'art d'abord. Retour à Mitterrand. Quand Jean dessinait le premier secrétaire du PS en 1978, il plaçait des petits croisillons pour figurer le grisé des costumes, rompant avec la simple ligne claire à la Hergé. Fauvet n'aimait pas, mais lui si, il adorait ça ! Il en mettait partout pour étoffer le tout. Son père lui avait offert un Rotring (stylo technique à plume tubulaire, destiné à tracer des traits calibrés) de dessin industriel. Et quand il était proche de la doublure, il dessinait du dégradé plus foncé. Là enfin, c'était parfait à ses yeux.

Le Monde, 1978.

Plus tard, après avoir croqué quantité de Mitterrand, il a intégré quelques détails singuliers. Une photo lui permettait de le renifler sans avoir besoin de le rencontrer. Mais en 1987, il a pu suivre Mitterrand lors d'un déplacement en Franche-Comté. « J'observais tout de lui, tout ! Et j'étais fasciné. Il perdait ses cheveux, mais son coiffeur avait réalisé un ondulé du plus bel effet sur les côtés. Ça m'a toujours marqué d'avoir vu ce mouvement. » Le résultat ne se fait pas attendre. Il le représente désormais avec des petites croix dans son regard, mélange d'un regard qui rit et d'un regard qui lit. « Si je dessine Mitterrand, explique Plantu, je peux tracer deux petits points, la lèvre supérieure par rapport à la lèvre inférieure, les pommettes, l'ondulé, le pli découvert lors de ce voyage de 1987, et puis cette petite verrue dont Fauvet ne voulait pas. Mais ce n'est pas fini. Là, ce n'est que la tête. Or un homme politique sérieux, il faut lui rajouter du noir pas loin, ça l'assoit un peu. On voit tout de suite qu'il ne sort pas de la douche. Le noir, c'est la fraise contemporaine, la fraise d'aujourd'hui. »

Voilà pour l'art… Quant à l'exécution, elle s'impose dans le trait de Plantu qui ne cache pas avoir souvent dessiné Sarkozy à la règle, avec la figure en forme de tête de rasoir. Par cette technique, le caricaturiste exprime son impression que l'ancien chef de l'État a été fait sous vide. « Il a un côté pas vrai. Les hommes ne sont que rondeur. Rien n'est fait à la règle, sauf lui. J'ajoute que je l'ai représenté sous bien des formes et des visages. C'est pour cela que je prétends lui devoir de l'argent. » Vu les résultats, on ne criera pas « remboursez ! »

Le Monde, 2006.

Le Monde, 2007.

Racaille Le Rouge, Seuil, 2007.

Hollande rend hommage à la BD

L'Express, 2013.

L'Express, 2002.

Le Monde, 2002.

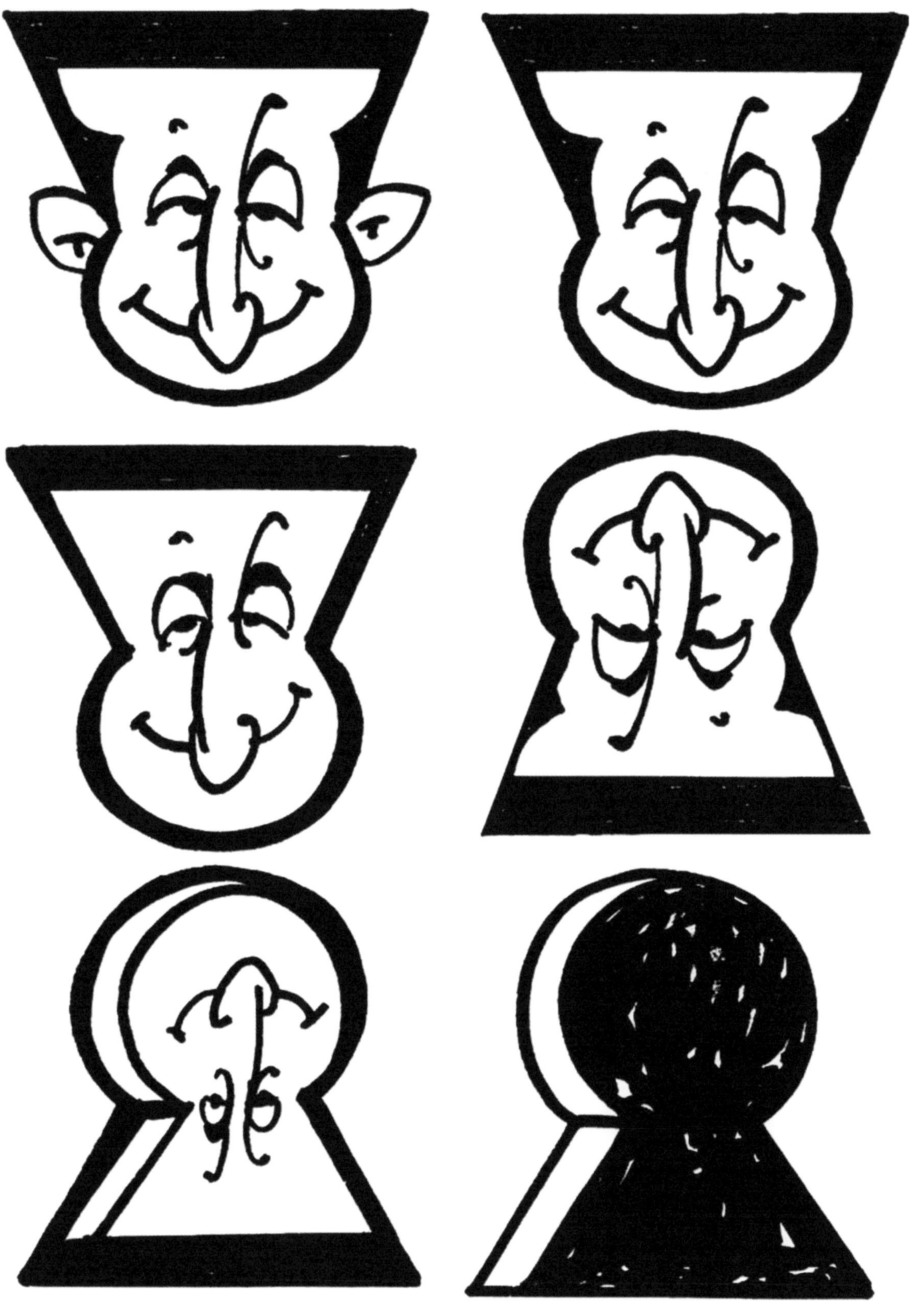

Le Monde, 2004.

PLANTU

Le Monde éditions, 1996.

Le Monde, 2003.

L'Express, 2014.

L'évolution du trait se fait jour après jour, au bout du crayon : le Mitterrand du début ne ressemble que de très loin au Mitterrand des dernières années.
Le Président disait aimer mes dessins mais ne supportait pas que je lui fasse des bajoues et, surtout, une verrue sur la joue.
Le directeur du "Monde" me demandera même, à l'époque, d'ôter cette verrue : pendant plus de 5 ans, j'ai été interdit de verrue.

Ce dessin en Président Hip Hop (je ne l'ai su qu'après sa mort), Mitterrand l'avait découpé et glissé sur son bureau sous une vitre.

La France à la baguette, Seuil, 2002.

Le Monde, 1995.

Le Monde, 1987.

Le Monde, 1995.

Le Monde, 1978.

Le Monde, 1980.

Le Monde, 1972.

Le Monde, 2002.

L'Express, 2012.

Le Monde, 2013.

Le Monde, 2012.

Le Monde, 2012.

Le Monde, 2013.

Non publié, 2014.

Chapitre 3

COUPS DE CRAYON CONTRE L'INTOLÉRANCE

Plus d'une fois Plantu a choqué par ses dessins, liguant tour à tour contre lui quantité de juifs, chrétiens et musulmans chatouilleux dès lors que l'humour ravageur s'exerçait à leur détriment plutôt que dans le sens de leur kippa, de leur chapelle ou de leur voile. *Plantu = Nazie* (faute d'orthographe certifiée…), l'inscription qu'il découvrit un matin dans la rue Claude-Bernard, qui abritait alors le siège du *Monde*, il ne l'a pas oubliée. Il s'est même fait un devoir d'aller la photographier.

Son devoir de mémoire à lui. Il faudrait une liste longue comme un jour sans pain – mais égayée par des caricatures roboratives ! – pour inventorier les dessins qui ont froissé, irrité, enflammé, scandalisé les communautés religieuses, leurs dignitaires comme leurs fidèles, sans que Plantu recule d'un iota sur ce qu'il tient pour sa vocation première : décevoir tout le monde en pratiquant l'art du dérapage contrôlé. Contrôlé par lui, et non par une quelconque institution qui serait une hiérarchie spirituelle, politique ou journalistique. C'est ainsi que depuis toujours Jean vit dans l'inconfort permanent, celui du franc-tireur qui s'attaque à tout le monde et refuse qu'on puisse compter sur lui, l'assigner à une cause et à une seule. Ceux qui le veulent forcément d'un camp contre un autre seront forcément déçus. Plantu n'est jamais là où on attend qu'il soit. S'il est taillable (comme son crayon), et corvéable à merci (bonjour le laminoir du quotidien !), il n'est réductible à aucune coterie, à aucune clique, à aucun clan, et surtout pas aux hérauts de la bien-pensance du moment ni aux tenants du pouvoir dominant. Il se définit comme un décodeur d'intolérance, un fléau dont le territoire est hélas en perpétuelle expansion. Son seul dogme, c'est sa liberté de penser. S'il admet pouvoir mal penser, il revendique une sincérité entière dans ses choix.

Quand l'actualité est particulièrement tendue, dramatique et à ses yeux injuste, il entre en ébullition. La colère traverse son crayon après que le matin, dès potron-minet, (potron, pas poltron !), il a balancé des biscottes sur son transistor qui vomissait des désastres à longueur d'ondes. Son combat, la notoriété et l'audience grimpant, c'est d'éviter les pièges

Le Monde, 2013.

Le Monde, 2001.

qui lui sont plus ou moins habilement tendus. Il se souvient d'avoir fait inviter le dessinateur syrien Ali Ferzat à l'Institut du monde arabe en 2012. « Ouais, Plantu ! Aide-nous ! Des armes pour les Syriens ! » crie l'auditoire qui ovationne ses dessins anti-Bachar. Mais un silence de mort s'installe quand il suggère qu'il faut penser aussi aux chrétiens de Syrie et d'Orient. « Là, je plombe à mort, se souvient Plantu. Je soutiens le combat contre Bachar. Mais quand je demande à voir des dessinateurs syriens qui peuvent se moquer des islamistes et d'Al-Qaida, il n'y a plus grand monde… » À Beyrouth, devant un parterre composé pour moitié de représentants du Hezbollah, il n'hésite pas à dénoncer ses exactions, toujours crayon à la main. L'accueil est froid. Évidemment lorsqu'on lui demande ce qu'il pense de l'occupation israélienne en Palestine, ça se réchauffe, il devient un héros. Mais le public comme les lecteurs ont compris qu'il ne sert pas aveuglément une cause. « Je ne peux pas m'en empêcher, persiste Plantu. Voilà pourquoi je déçois tout le monde. C'est mon boulot. C'est ma liberté aussi. »

Une liberté qui l'amènera à faire se ressembler comme deux gouttes d'eau un islamiste muni de bâtons de dynamite avec un colon israélien des colonies, des petites maisons autour de la taille comme autant d'explosifs. Plantu défend le fond de ce dessin, même s'il admet qu'il aurait dû représenter le colon autrement. Comme caricaturiste, il se donne tous les droits. Selon lui, le ressentiment contre les Israéliens ne peut aller que grandissant si on se tait sur la colonisation rampante ou non dans les Territoires, qui font rarement la une de l'actualité. D'où l'intérêt d'en parler, martèle Plantu, d'où l'intérêt de le faire de manière outrée et d'accepter qu'après la parution de son dessin il se fasse traiter de tous les noms.

L'Express, 2014.

***L'Express*, 2011.**

Dans les colonnes de son propre journal, l'ancien ambassadeur d'Israël en France estimera que Jean aurait pu travailler à *Gringoire*, le torchon antisémite des années 1930. « Tout de même », dit Jean de sa voix douce… Mais s'il se donne tous les droits, il rectifie d'emblée en soulignant qu'il s'oblige à penser qu'Internet le guette. « Avec ce dessin, explique-t-il, il faut faire attention : on croit éclairer et on éblouit. Un dessin comme celui-là peut éblouir, c'est-à-dire aveugler. Et, moi, je ne veux pas éblouir, je veux éclairer. Je ne veux donner du grain à moudre ni aux islamophobes ni aux antisémites. » Il touche là une limite réelle de son champ de liberté : comment dessiner quand on ne s'adresse plus au seul public du *Monde*, connaissant les codes du journal et de son caricaturiste, mais à la terre entière, aux populations connectées du Proche-Orient notamment, qui peuvent prendre un dessin, si on peut dire, au pied de la lettre, ou plutôt au premier degré, sans y voir l'esprit de dérision, de moquerie, bref, le dérapage contrôlé qui consiste pour Plantu à calculer au millimètre jusqu'où il peut aller trop loin, créer du débat sans déclencher le pugilat ?

L'affaire des caricaturistes danois, qui éclate en France en 2006, est un symptôme de l'époque numérique dans laquelle ont basculé la presse et ses caricaturistes. Pour Jean, son statut dépasse celui du simple dessinateur. Sur le pont de l'actu chaque matin, il illustre crayon en main l'adage de Confucius selon lequel « une image vaut dix mille mots ». Dix mille mots, oui, mais pas un seul mort. Plantu est devenu un éditorialiste du *Monde* à part entière. Son point de vue dessiné engage le journal, il est une voix qui compte et qui contrarie. Or tout change depuis que l'étincelle numérique embrase la planète, dans une instantanéité sans précédent qui n'a de comparable que la puissance de la diffusion. Internet, réseaux sociaux, blogs : la Toile devient une traînée de poudre que certains artificiers passés maîtres dans l'agit-prop virtuelle ont tôt fait de détourner au profit de la désinformation, du demi-mensonge qui commence par une demi-vérité. Un dessin n'a plus une mais plusieurs histoires, plusieurs interprétations. Tronqué, il devient sujet de polémique, de fièvres, de délires collectifs et parfois, comme on le verra avec le drame de *Charlie*, d'assassinats. Comme si un coup de crayon pouvait justifier un coup de kalachnikov.

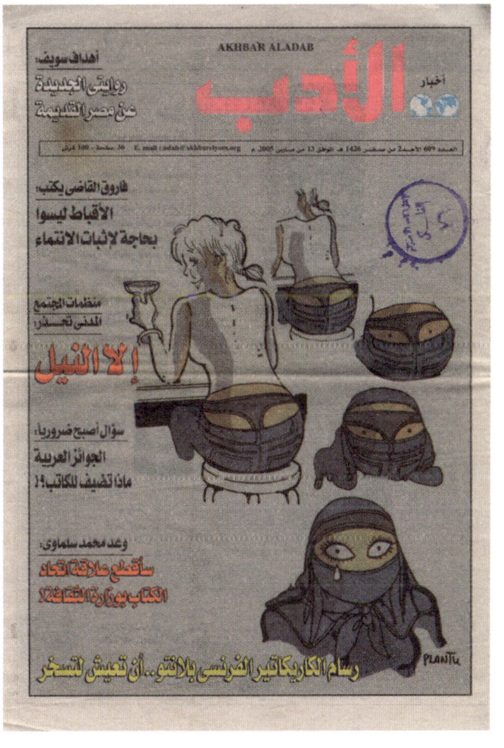
AKHBAR ALADAB

أخبار الأدب

أهداف سويف:
روايتى الجديدة
عن مصر القديمة

فاروق القاضى يكتب:
الأقباط ليسوا
بحاجة لإثبات الانتماء

منظمات المجتمع
المدنى تحذر:
إلا النيل

سؤال أصبح ضروريا:
الجوائز العربية
ماذا تضيف للكاتب؟!

وعد محمد سلماوى:
سأقطع علاقة اتحاد
الكتاب بوزارة الثقافة!

رسام الكاريكاتير الفرنسى بلانتو.. أن تعيش لتسخر

Akhbar Al-Adab, Égypte, 2005.

En 2005, Plantu dessine l'évolution vestimentaire d'une jeune femme qui va du string au voile – ou vice versa. L'affaire des fatwas contre les dessinateurs danois n'a pas encore éclaté quand le rédacteur en chef du journal égyptien qui le publie à la une de son journal est menacé de mort. La polémique monte, d'autant que le travail de Plantu fait en même temps l'objet d'une exposition à la bibliothèque d'Alexandrie. Des voix s'élèvent : pourquoi cette provocation d'Occidental qui veut humilier le voile coranique ? Jean est insolent mais reconnaît ne pas se rendre compte qu'il l'est ! Découvrant ce dessin, une jeune Égyptienne lui demande : « Pourquoi avez-vous mis une larme à la fille voilée ? Vous pensez que je suis triste et que mon père m'a obligée à mettre le voile ? Mais vous, quand vous dessinez une Occidentale de cette manière, on peut penser que c'est sa religion.

Le Monde, 2005.

Cela s'appelle du marketing qui l'oblige à mettre un string. » Plantu écoute. Il est ébranlé. Il admet le malentendu et pense qu'il devrait effacer cette larme. Pour autant, son inspiration n'a pas été réfléchie ou préméditée. L'instinct toujours. Selon lui, c'est très simple : il est dans la rue, il regarde les fesses d'une fille. Il voit son string et il voit des yeux. Ça ne va pas plus loin. Plus tard à la campagne, il charge son fils Joachim, dix ans à l'époque, de trouver dans les magazines des photos de filles avec string et pantalon. Le garçon lui apporte ses découpages. Plantu lui explique ce qu'il va essayer de faire.

« J'étais très content, se souvient Jean. J'aimerais être capable de trouver une idée de ce genre toutes les semaines. Des instants de magie qui font qu'un dessin marche. » À travers cette mésaventure, il sent pourtant le vent de la fatwa, sans deviner qu'il va souffler bientôt sur ses collègues danois, avec une autre virulence. « En septembre 2005, dit-il, leurs caricatures sont passées complètement inaperçues. C'est seulement en février 2006 que la polémique a éclaté, avec pour conséquence cinquante morts au Pakistan ».

À cette époque, je me souviens d'un comité de rédaction houleux au *Monde*. *Charlie* avait publié les fameuses caricatures en signe de solidarité avec les Danois, au nom de la sacro-sainte liberté d'expression. Une bonne partie des journalistes me sommait d'en faire autant : publier l'un de ces dessins en première page, les autres à l'intérieur. Au bout de plusieurs heures, la rédaction se rangea à ma décision. Il n'y avait pas d'urgence à représenter le prophète caricaturé en une. Notre souci de responsabilité nous avait conduits à trancher dans ce sens. Trois dessins seraient publiés quelques jours plus tard, dans un espace réservé au décryptage de l'information. Pour autant, je ne souhaitais pas éluder la question. Il était urgent que Plantu demande à son crayon ce qu'il pensait… La réponse fut à la hauteur de l'événement. Il n'était pas question de censure ni d'autocensure, mais de ruse. Jean était aux États-Unis, ce qui ne facilitait pas l'échange, encore que… Au petit matin, il envoya son *rough* (« brouillon »). Une fulgurance, je pèse mes mots, face à ce dessin qui aujourd'hui encore, montre avec éclat tout ce que Plantu avait compris de l'art de la synthèse. Cela paraît simple. Une petite phrase écrite une fois, dix fois, cent fois : « Je ne dois pas dessiner Mahomet. Je ne dois pas dessiner Mahomet… » Le tout donne le résultat que l'on sait. Un personnage que certains lecteurs étonnés prirent pour Marx ou Léonard de Vinci. Ce dessin fit le tour du monde et montra que personne n'était dupe. Tout y était, et comme dans *Madame Bovary*, le feu couvait sous la cendre, mais on ne montrait que la cendre.

Pour Plantu, le 11-Septembre de la liberté de pensée, c'est ce mois de février 2006, avec les fatwas lancées contre les dessinateurs danois et la prise de conscience de l'utilisation dévoyée d'Internet. « Cette fois c'était les barbus, analyse Jean, mais demain ce sera d'autres intégrismes. Quand je publie ce dessin sur les orthodoxes de Jérusalem et que le président du Crif (Conseil représentatif des institutions juives de France) écrit sur son site que mon dessin rappelle lui aussi les années 30, je sais que pendant un mois je vais subir une attaque en règle à travers des milliers de mails. L'intolérance est très bien servie par Internet. »

***Le Monde*, 2006.**

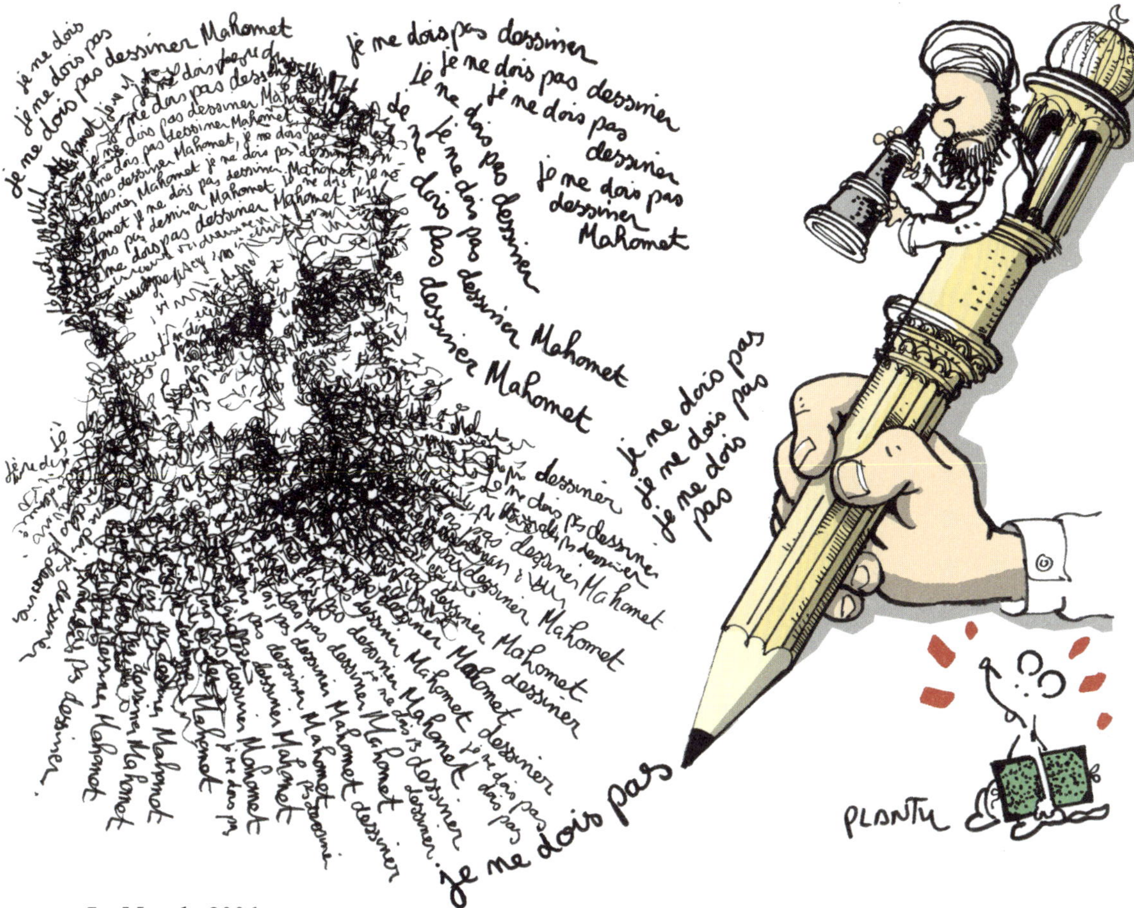

Le Monde, 2006.

Dans ces affaires de l'Orient compliqué, Plantu sait manier la nuance. Alors il utilise la subtilité de son trait pour exprimer ce qu'il ressent. Par exemple, Bachar el-Assad est représenté avec de petites mains et de petits pieds pour rappeler que tout dictateur a été un enfant, un innocent qui a dérivé. Jean rappelle de cette façon qu'il existe une part d'innocence chez tous les hommes, y compris chez les tortionnaires. Nuance encore pour faire la différence entre un soudard serbe ou islamiste et un militaire de Tsahal. À tort ou à raison, Plantu se doit de revendiquer une opinion. Mais il a sa propre grammaire, ses codes et ses distinguos qui sautent aux yeux sur le dessin finalisé.

« Quand c'est un milicien serbe qui attaque Srebrenica au mortier, précise Jean, il s'agit d'un vrai criminel qui veut imposer une purification ethnique. Les Israéliens, c'est une armée avec laquelle je ne suis pas d'accord, mais quand ils pilonnent Gaza, ou qu'ils envoient une roquette depuis un hélicoptère Apache, ils essayent de cibler au plus près pour tuer le combattant du Hamas, pas les familles autour. Même si des familles peuvent être touchées.

Le Monde, 2011.

Pour moi, ce n'est pas la même chose. Je n'utilise pas le même trait, j'ai recours à des épaisseurs différentes. Pour le soudard serbe, je prends le feutre qui tache, bien dégueulasse... Si je représente un militaire israélien – il dessine –, c'est tout de même un militaire. Il est armé. Je le fustige mais je lui laisse une porte de sortie. Mon trait dit mieux que moi. Lors du siège de Beyrouth en 1983, j'avais croqué des militaires de cette façon.

Le Monde, 1983.

J'avais mal vécu qu'on me traite d'antisémite sous prétexte que je critiquais l'armée israélienne. Si je représente un soudard serbe – Jean dessine encore, on entend le grincement du feutre, on sent l'odeur d'alcool qui monte dans la pièce –, je lui mets le calot de 14-18, une barbe de trois jours, et je rajoute des mouches. Je n'ai jamais mis de mouches à un militaire israélien. » En vérité, à première vue, son militaire israélien n'est pas très impressionnant. Mais en y regardant de plus près, le canon de son char éventre un Palestinien. Même si ce soldat n'est pas un affreux soudard, on voit bien que le dessinateur-éditorialiste condamne son geste. Surtout s'il ajoute une larme sous l'œil de la victime, puis sort son feutre rouge pour faire couler le sang.

Au passage, Plantu insiste sur l'importance de ses brouillons comme catalyseurs de son inspiration. Avant de plonger dans un sujet qui gratte, Jean dessine d'abord pour lui, pour lâcher ses démons. « Mon brouillon, reconnaît-il, est rempli d'horreurs. Et c'est grâce à ces horreurs que je trouve au final mon équilibre. J'y vais d'abord franco puis j'essaye de calmer les choses. C'est grâce aux horreurs que j'ai dessinées, à ces petits enfers que je me suis empêché de mettre au propre, que le dessin publié est publiable. Je trouve que mon dessin brouillon, est parfois plus intéressant que mon dessin bien fini. Mais pas question de donner aux lecteurs du *Monde* un dessin bâclé. Même si je peux sentir plus de vie dans un dessin vite fait que dans un dessin trop léché. »

Comment qualifier le dessin qu'il réussit à obtenir de Yasser Arafat en 1991 ? Un incroyable scoop où le trait encore une fois valait son pesant de mots ? Sans doute, puisqu'il fut primé pour cette publication inattendue, même si son journal le traita à l'époque avec condescendance. Un saltimbanque ne pouvait publier une information du tonnerre ! Cette histoire mérite d'être contée par le détail. Une nuit de novembre 1990 à Tunis, Plantu reçoit un coup de téléphone d'un émissaire du leader de l'OLP, lequel est réputé ne jamais dormir deux fois dans le même lit. Un convoi de voitures vient le chercher. « Il me prend pour le dessinateur du *Monde* », pense Plantu incrédule. Il monte avec des inconnus dans une Peugeot pourrie et se retrouve peu après dans une villa isolée. Un homme qui ressemble à Arafat, battle-dress et keffieh, s'approche de lui. « Je me dis qu'il est bien déguisé. On est dans un film. C'est Tintin au pays des kalachnikovs. Il y en a partout. Je me sens moite. » L'homme le regarde et s'adresse à lui : « Bonjour Mister Plantou. » Il comprend ce qui arrive. « C'est là que je me dis qu'il me prend pour le dessinateur du *Monde*. Je trouve que cette formule dans ma tête, c'est toute ma vie. En fait on me prend pour quelqu'un d'autre. Et cette escroquerie perdure. Le mot escroquerie, je le dis depuis longtemps. Je le dis gentiment, je me moque de moi-même. » Bien sûr, Plantu n'a rien préparé. Arafat le rabroue parce qu'il le prend pour un intellectuel. Il tempête : « Jean-Paul Sartre, lui, soutenait les combattants algériens ! — Moi aussi je soutiens les Palestiniens », rétorque Jean. C'est un dialogue de sourds. Arafat riposte : « Non, vous faites des dessins qui critiquent l'*Achille Lauro* (navire détourné en 1985 par le Front de libération de la Palestine). » Plantu ne se démonte pas. On l'a tout de même réveillé en pleine nuit. S'il soutient la Palestine, il condamne les attentats qui s'en prennent aux civils. « Oui, mais les intellectuels doivent comprendre… », répète Arafat, recevant la même réponse de son interlocuteur ébahi : « Je ne suis pas un intellectuel, je suis le dessinateur du *Monde*. » L'homme parle un peu français, mais il s'adresse à Jean en arabe devant un interprète. Plantu profite de la situation

Le Monde diplomatique, **1985.**

pour demander s'il pourrait revenir avec une équipe de télévision. « Je voyais bien qu'il avait envie de dessiner », se souvient-il. Arafat accepte. Le 15 janvier 1991, la guerre du Golfe a éclaté. Entretemps, Abou Iyade, le numéro 2 de l'OLP, que je venais de rencontrer, a été assassiné. Deux caméras tournent. L'ambiance est tendue. Plantu et Arafat devant une page blanche. Drôle d'endroit pour une rencontre. Après que Jean a montré à son hôte quelques dessins qui fâchent, la discussion tourne court. Arafat fait tout arrêter. « *Stop please* ! » Le leader de l'OLP est sorti furieux. Au bout d'une demi-heure, on a fait entrer « Mister Plantou » dans la pièce voisine. Arafat mange des oranges. Il le fait asseoir, épluche un fruit, l'ouvre et lui en donne les quartiers un à un. Il les mâche en se demandant tout de même s'ils n'ont pas été empoisonnés… Après, l'interview reprend.

Plantu : Voici un dessin qui représente votre conflit avec Israël.

Arafat : J'ai envie de vous dessiner quelque chose-là. Permettez-moi.

(Arafat dessine un cœur.)

Plantu : C'est comme cela que ça se terminera. Avec un beau cœur.

Le Monde éditions, 1991.

Dans son élan, Arafat a même dessiné la future monnaie du Proche-Orient. « Il m'a assuré qu'il existerait un jour une union des pays du Proche-Orient, avec un logo représentant le chandelier hébraïque, la croix des chrétiens et le croissant islamique, rappelle Plantu. "Ce sera la monnaie du Proche-Orient pacifié", a ajouté le chef de l'OLP. » Cette vision politique d'Arafat, on l'a dit, n'emballe pas *Le Monde*. « Au bout de neuf mois où j'ai cru que je n'avais rien ramené d'intéressant, j'ai remporté le prix du festival du scoop d'Angers. *Libé* voulait faire trois pages. "Si c'est ça, on te vire !" m'a menacé un rédacteur en chef du *Monde*. Je suis allé voir Patrick Poivre d'Arvor, Anne Sinclair. Ils auraient pu s'emparer du sujet. Mais non, ils laissent passer le scoop ! J'ai rencontré CNN à Paris. C'était non. C'est l'image du pitre qui m'a poursuivi. Un dessinateur est toujours un dessinateur. Je le dis sans amertume. Mais on est des saltimbanques. Ce n'était pas possible pour les directeurs de rédaction installés que je ramène un truc comme ça. Pour qui je me prenais ? » Ces dessins d'Arafat finiront par faire la couverture du *Point*. Jean-Pierre Elkabbach diffusera la séquence sur France 5 et une amie de Plantu sur TV5. « J'ai le sentiment que personne n'avait

regardé la séquence Arafat/Pérès, observe Jean. Longtemps après, j'ai appris pourtant que la cassette avait circulé dans les différentes ambassades de France au Proche-Orient. Il s'était passé quelque chose. »

Éditorialiste, Plantu ? « Je bois du petit-lait lorsque les gens me disent qu'ils aiment mon éditorial dessiné. J'accepte le compliment. En réalité je suis un Canada Dry d'éditorial. Ça a le goût de l'éditorial, le parfum de l'éditorial, mais ce n'est pas vraiment de l'éditorial. À côté de mon dessin, je trouve que le vrai éditorial dit bien plus de choses, avec quinze entrées possibles. Moi, je choisis une seule entrée puis je force le trait. Je ne prétends pas dire la vérité. Je peux me tromper. Je suis un touche-à-tout. Je propose une idée un peu dérangeante de temps en temps afin d'alimenter le débat, mais ce n'est qu'une idée d'image. Comme les chansons dans les pièces de Bertolt Brecht. Ce n'est que du théâtre, ce n'est que du dessin, même si je suis dans un cadre merveilleux, le plus beau qu'on puisse rêver pour un dessinateur, le cadre du *Monde.* »

Un touche-à-tout qui parfois se brûle les doigts sur les cierges dressés de l'Église. On ne peut nier qu'il l'a parfois cherché, même s'il peut arguer de dix ans de bons et loyaux services à *La Vie catholique.* Lorsque j'étais directeur du journal, Plantu publiait chaque semaine une planche dessinée dans notre hebdomadaire, *Le Monde 2*, devenu *Le Monde Magazine.* C'était chaque fois très intéressant car il reliait une actualité du moment à des dessins publiés des années plus tôt sur le même sujet. On passait du noir et blanc à la couleur, on découvrait comment ses « personnages » avaient changé à travers le temps. Le 3 avril 2010, Plantu consacra ainsi une planche aux positions du Vatican sur différents thèmes. Et en écho aux élections régionales qui allaient se dérouler en France, sous le titre « Le pape prend position », il commit le péché ou le crime de lèse-majesté de représenter le souverain pontife, alors Benoît XVI, sodomisant un enfant résigné déclarant : "Quitte à se faire enculer, autant aller voter dimanche." Je dois avouer que je n'avais pas vu ce dessin avant sa parution.Pour la petite histoire, Jean en avait fait un de ses brouillons pour la une du *Monde* et la directrice de la rédaction, Sylvie Kauffmann, l'avait à juste titre écarté. Dans sa planche hebdomadaire, Plantu raconta alors la bonne blague qu'il avait voulu lui faire, sachant qu'on ne le laisserait pas aller jusqu'au bout.

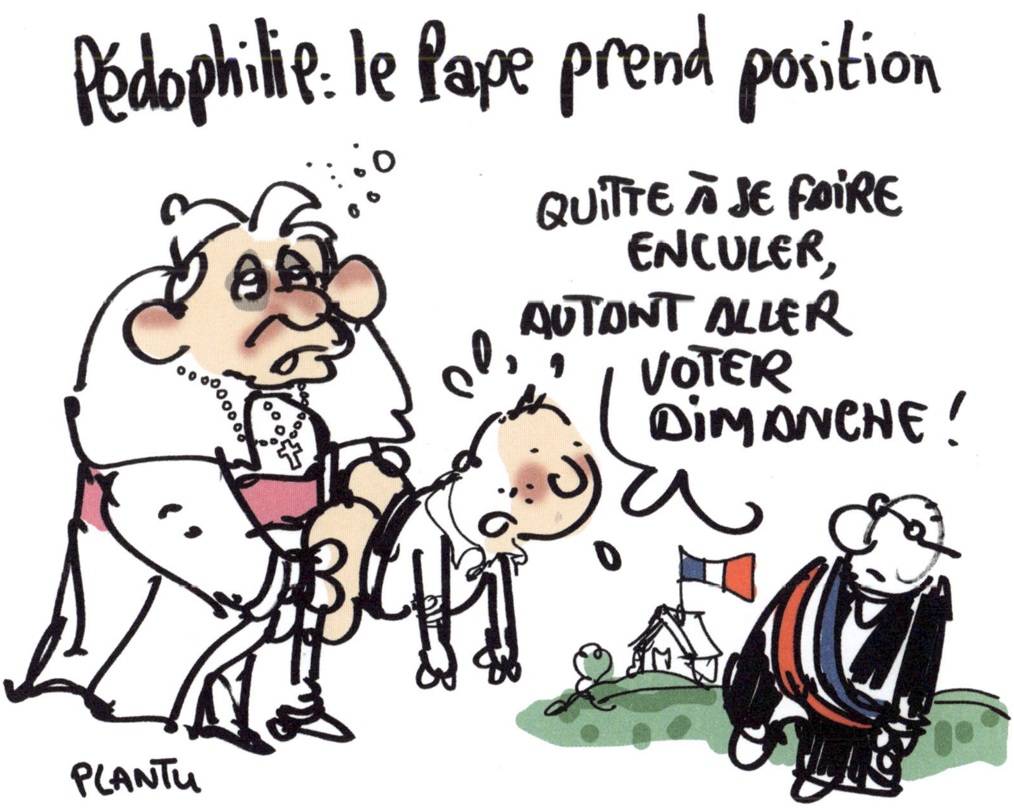

Le Monde Magazine, 2002.

L'Express, 2015.

C'est ainsi que subrepticement, il glissa son petit dessin dans un coin, provocant l'indignation de bon nombre de lecteurs catholiques. Voilà comment nous nous sommes retrouvés mis en examen et menacés de renvoi en correctionnelle après une plainte de l'Agrif (l'Alliance générale contre le racisme et le respect de l'identité française et chrétienne). Celle-ci nous poursuivait pour « provocation à la discrimination, à la haine ou à la violence ». Dans sa plainte, l'Agrif ajoutait : « Les catholiques obéissent au pape et à la hiérarchie de l'Église. Ils sont en communion avec un pape dessiné sous les traits d'un violeur d'enfant pratiquant et approuvant officiellement la pédophilie. » Comme nous l'espérions, l'affaire s'est terminée par une relaxe en 2016. Devant le tribunal, j'ai reconnu que ce dessin ne faisait pas preuve d'une grande délicatesse à l'endroit du pape, et encore moins des enfants. Mais qu'y avait-il de plus grave : violer des enfants sous couvert de l'autorité que confère un statut religieux, ou représenter cette scène pour dénoncer l'impunité dans laquelle la pédophilie de certains prêtres avait pu perdurer des années entières ? Pour Plantu, il s'agissait moins d'une histoire de religion que d'une histoire de silence. « Si j'avais pensé une seconde que Benoît XVI ou d'autres prêtres sodomisaient des gosses du matin au soir, je n'aurais pas fait un petit bout de dessin pour dire ce que je pense. Quand je suis sûr d'un truc, j'y vais au Kärcher, et tous les jours, et pendant trente ans ! Mais j'étais en colère. On découvrait qu'à l'époque de Ratzinger l'Église allemande avait couvert des prêtres violeurs. On les déplaçait et ils abusaient d'autres enfants dans d'autres évêchés. C'était ahurissant ! » C'est la leçon de l'affaire. N'énervez pas un crayon qui ne dort que d'un œil. Ce dessin était excessif. Mais la question à se poser à son sujet est la suivante : était-il vrai ?

Pour autant, Plantu récuse l'image de l'anticlérical bouffeur de curés. Son dessin sur la mort du pape Jean-Paul II fut sans doute le seul dessin de caricature respectueux. Jean avait apprécié un dessin de *Charlie Hebdo* montrant une apparition du Christ non pas dans le saint suaire, mais dans la couche Pampers de Jean-Paul II au moment de son agonie. Mais Plantu n'aurait pas dessiné de la sorte.

***L'Express*, 2005.**

« C'est une forme d'autocensure. Bien sûr, je pense à la une du *Monde*. Mais si je m'abstiens de ce genre de caricature, c'est d'abord en tant qu'homme. Je peux rigoler entre nous d'une bonne blague ou d'un bon dessin de *Charlie* sur les couches Pampers. Mais je ne me sens pas le droit de choquer inutilement des chrétiens qui pleurent la souffrance de leur pape en train de mourir. »

Dont acte, drôle de paroissien Plantu, à qui il sera beaucoup pardonné.

Le Monde, 2005.

L'Express, 2014.

Le Monde, 2006.

Le Monde, 2014.

PLANTU, ARAFAT ET LA CARICATURE

Jusqu'où peut aller un dessin de presse au Proche-Orient ? Le dessinateur du « Monde » est allé poser la question au chef de l'Autorité palestinienne, puis à deux caricaturistes, la Palestinienne Omayya et l'Israélien Kichka

D. R.

Ramallah. Dans la Mouqata'a – le quartier général de Yasser Arafat –, de gauche à droite autour de la table : Yasser Arafat, le caricaturiste palestinien Baha Boukhari (né à Jérusalem en 1944) qui travaille pour le journal « Al Ayyam » et notre dessinateur Plantu.

PLANTU s'est rendu en Israël et dans les territoires palestiniens du 19 au 24 mai.

A Ramallah, il a pu rencontrer le chef de l'Autorité palestinienne, Yasser Arafat. Ce dernier, qui avait déjà reçu notre collaborateur en mai 1991, à Tunis, a, cette fois encore, commenté avec lui certains dessins sur le conflit israélo-palestinien. Plantu a également interrogé deux caricaturistes réputés sur la façon dont il traite du Proche-Orient.

Plantu : En 1991, vous aviez fait un dessin qui représentait l'avenir de la Palestine avec les Israéliens, les chrétiens et les musulmans. Est-ce que vous pensez qu'un jour ce logo, comme vous me l'aviez dit à l'époque, sera imprimé sur la monnaie du Proche-Orient ?

Yasser Arafat : C'est ce que nous croyons.

P. : Vous pensez qu'un jour il y aura une région dont le drapeau réunira et le drapeau israélien et le drapeau palestinien ?

[Yasser Arafat montre des insignes sur sa veste. L'un de ces insignes représente le drapeau israélien.]

P. : Il ne faut pas le cacher derrière le keffieh.

Y. A. : Il ne le cache pas, il le couvre.

P. : Oui, mais ce serait plus joli si c'était découvert

Y. A : Ma façon de porter le keffieh représente la carte de la Palestine.

P. : Un dessin comme celui-ci qui montre Yasser Arafat essayant d'empêcher les actes terroristes du Hamas peut-il être publié dans la presse palestinienne ? Des dessins mettent-ils en cause des actes du Hamas ?

Y. A. : Il y a des choses pires que celle-ci qui peuvent passer dans les caricatures palestiniennes.

P. : Certains de ces dessins vous mettent-ils en cause ?

Y. A. : Jusqu'à présent, il n'y a pas eu d'attaques au niveau de la caricature, ça ne s'est pas produit. Cela n'empêche pas que cela puisse se passer. Les atteintes contre le président passent plutôt dans les articles, pas forcément dans la caricature, mais ça pourrait arriver. Dans la presse, tout peut être dit.

[Yasser Arafat montre un document.]

Vous êtes peut-être au courant que les Britanniques aident à l'entraînement de la police palestinienne et des services de sécurité. C'est un rapport britannique qui mentionne dans les faits et en détail le nombre d'opérations-suicides évitées par l'Autorité. C'est un document des Britanniques, ce n'est pas un document qui sort de chez nous.

P. : C'est-à-dire qu'un dessin montrant Arafat essayant d'arrêter les terroristes du Hamas, c'est quelque chose qui existe ? On peut dire que l'Autorité et Yasser Arafat essaient d'empêcher des actes du Hamas ?

Y. A. : Je voudrais vous montrer quelque chose de plus significatif que ce dessin : c'est la partie de mon discours au sommet arabe que nous avons transmis par satellite ce matin au sommet arabe de Tunis : *« Nous assurons, devant vous et devant le monde entier, notre refus permanent et total de porter atteinte aux civils, qu'ils soient palestiniens ou israéliens, parce que cela est en contradiction avec nos principes humanitaires et notre croyance religieuse qui rejette le terrorisme. »*

P. : Vous pourriez, sur ce dessin, avec le feutre, rayer vous-même les actes terroristes du Hamas ?

Y. A. : En tant qu'être humain je ne peux pas, dans mes principes d'être humain, éliminer un autre être humain.

P. : Il ne s'agit pas d'éliminer, il s'agit de dire : *« Vous arrêtez les actes terroristes contre les civils israéliens. »*

Y. A. : Je l'ai dit devant le monde entier aujourd'hui, et ça a été diffusé par toutes les télévisions du monde en direct. Je l'ai dit et assuré.

P. : Ça aurait été plus fort en dessin.

[Plantu montre le dessin de la spirale du Proche-Orient.]

Celui-ci montre comment les Israéliens poussent les Palestiniens à des actes désespérés de terrorisme et s'enferment dans une spirale infernale. Heureusement, cette colombe les aidera peut-être à en sortir...

Y. A. : Souvenez-vous du mur de Berlin, n'est-il pas tombé ? Le monde entier n'a-t-il pas fait tomber le mur ?

Yasser Arafat montrant une image représentant les trois Rois mages bloqués devant le mur de séparation.

PHOTOS J. P.

L'Express, 2012.

L'Express, 2014.

Le Monde, 2011.

Le Monde, 1982.

CONTINUEZ !
JE VOUS
ÉCOUTE !!
USA
ONU

NOS DEU

Le Monde

TE

RADIO

A

EPARGNE

D FRANCE MÉTROPOLITAINE — DIMANCHE 3 - LUNDI 4 JUIN 2001 — FONDATEUR : HUBERT BEUVE-MÉRY

Israël : l'attentat qui met tout en péril

● L'attentat-suicide d'un kamikaze palestinien devant une discothèque de Tel-Aviv est le plus meurtrier commis en Israël depuis vingt ans ● Il risque de faire basculer la région dans une escalade irréversible ● Un entretien d'Ariel Sharon au « Monde » : « Faire pression sur Arafat pour qu'il fasse cesser la violence »

L'ATTENTAT-SUICIDE commis par un kamikaze palestinien, dans la soirée du vendredi 1er juin, devant une discothèque sur le front de mer de Tel-Aviv, a fait dix-sept morts et au moins quatre-vingt-sept blessés parmi des jeunes Israéliens, souvent d'origine russe. Cet attentat est l'un des plus sanglants commis en Israël depuis vingt ans et le plus meurtrier depuis le début de la *« deuxième Intifada »*, en septembre 2000. Les mouvements extrémistes palestiniens, Djihad islamique et Hamas, ont justifié l'attentat, mais sans le revendiquer. L'Autorité palestinienne l'a condamné, en appelant *« toutes les parties à la retenue et à éviter l'escalade »*. Le président israélien a mis en cause Yasser Arafat, l'accusant de *« provoquer l'escalade »* et de *« créer le malheur de son peuple »*.

La *« trêve unilatérale »* décrétée par Israël le 22 mai a sans doute vécu. Le mini-cabinet de sécurité israélien était en réunion d'urgence, samedi matin. Cette instance, qui est habilitée à arrêter d'éventuelles ripostes, réunit le premier ministre,

Ariel Sharon, le chef de la diplomatie, Shimon Pérès, ainsi que le ministre de la défense, Benyamin Ben Eliezer. Si la riposte israélienne semble inévitable, il n'est pas exclu qu'elle soit différée pour permettre aux Américains et aux Européens de faire pression sur Yasser Arafat pour qu'il s'engage à arrêter les violences. Mais les plans de riposte israéliens sont prêts, et certains d'entre eux envisagent des scénarios extrêmes contre l'Autorité palestinienne.

Dans ce contexte, Ariel Sharon pourrait annuler le voyage qu'il devait effectuer, la semaine prochaine, en France et en Europe. Dans un entretien exclusif, accordé au *Monde* avant l'attentat de vendredi, le premier ministre israélien affirmait que *« le retour à la paix impose un seul remède à administrer immédiatement : faire pression sur Arafat pour qu'il fasse cesser la violence »*.

Lire pages 2 et 3 et notre éditorial page 13

▶ www.lemonde.fr/israel-palestiniens

Le Monde, 2001.

POINT DE VUE

« Kamikazes » *par Elie Barnavi*

LA caricature « Kamikazes », dans *Le Monde* daté 3-4 juin, met en scène deux barbus, également hideux. L'un, le musulman, porte une grosse bombe, l'autre, le juif, des valises et, enroulé sous le bras, ce que l'on devine être un titre de propriété d'origine biblique – deux symboles qu'on aurait préféré ne pas voir orner un dessin de Plantu, généralement mieux inspiré. Mais passons... Tous les deux, le juif et le musulman, sont ceints de leurs outils de travail, si l'on ose dire : le musulman d'explosifs, le juif d'un chapelet de colonies.

Ce dessin est choquant.

D'abord, parce qu'il s'étale à la « une » du *Monde*, le lendemain du carnage qu'il prétend illustrer.

Ensuite, parce qu'il établit une équivalence moralement inacceptable et intellectuellement inepte entre deux phénomènes que l'attentat de Tel-Aviv lui-même renvoie à deux ordres radicalement différents. On peut ne pas aimer les implantations juives en Judée-Samarie et dans la bande de Gaza, c'est même un cas de figure assez répandu ; mais qu'est-ce que cela a à voir avec les attentats-suicides ?

Enfin, peut-être surtout, parce qu'il ajoute à la confusion mentale d'une opinion publique qui n'en a vraiment pas besoin, et cela avec toute l'autorité intellectuelle d'un quotidien prestigieux et le talent d'un dessinateur que je tiens pour un des meilleurs éditorialistes de la presse française.

Toute action politique procède d'une idéologie. Celle de l'islamisme radical palestinien est on ne peut plus explicite : tuer les juifs partout où ils se trouvent afin de « libérer » l'ensemble de la Palestine, de la mer au Jourdain.

Lire la suite page 16
et nos informations page 2

Elie Barnavi *est ambassadeur d'Israël en France.*

► www.lemonde.fr/israel-palestiniens

Le Monde, 2001.

EL PAIS

VIERNES 3 DE FEBRERO DE 2006
Año XXXI. Número 10.468

DIARIO INDEPENDIENTE DE LA MAÑANA
www.elpais.es

EDICIÓN **MADRID**
Precio: 1 euro

Hacienda plantea que las autonomías puedan subir el IVA

La medida tendría que ser aprobada antes por la Comisión Europea

Las comunidades podrán imponer recargos fiscales al consumo en el IVA minorista, en el impuesto especial de hidrocarburos y en el de electricidad si sale adelante el plan del Gobierno para el nuevo modelo de financiación autonómica. Dicho plan debe ser previamente autorizado por Bruselas, ya que la decisión afecta a impuestos armonizados. El Ministerio de Economía y Hacienda también prevé dar entrada en la gestión del catastro a las comunidades y a los ayuntamientos, por sus amplias competencias en los impuestos que gravan la vivienda.

El ministerio constituirá la próxima semana un grupo de trabajo para empezar a estudiar y elaborar la propuesta de un nuevo modelo de financiación autonómica, cuyas bases se han puesto en el acuerdo sobre el Estatuto catalán alcanzado por el Gobierno con los partidos catalanes.

Con su propuesta, el Ministerio de Economía y Hacienda pretende que las comunidades tengan mayor autonomía fiscal para asumir decisiones, como subir impuestos, que les permitan recaudar el dinero necesario para hacer frente al aumento de la población por la llegada de inmigrantes o la necesidad de financiar nuevos servicios sociales derivados de la aplicación de la Ley de Dependencia.

La fórmula que ha buscado el Gobierno, y que las autoridades europeas han cuestionado en anteriores ocasiones, se asemeja al llamado céntimo sanitario que ya grava el consumo de gasolinas en varias comunidades.

En el caso del IVA minorista se trataría de gravar más el consumo final, con una cantidad que sería mucho más visible para el ciudadano de la comunidad afectada que el céntimo sanitario.

Hacienda tendrá que solicitar autorización a la Unión Europea, que deberá aprobar los recargos por unanimidad de los Estados miembros (ahora 25). En España la recaudación por IVA ascendió a 44.507 millones de euros en 2004. **Página 17**

LAKHSMI MITTAL
Presidente de Mittal Steel

“No habrá despidos como resultado de la fusión con Arcelor”

El presidente y propietario de Mittal Steel asegura en una entrevista con EL PAÍS que la fusión con Arcelor, sobre la que ha lanzado una OPA, no va a suponer despidos, y que va a trasladar la sede de I+D a Europa. **Página 62**

BUSH planeó enviar a Irak aviones con símbolos de la ONU para que Sadam los atacara
INTERNACIONAL. **Página 6**

CONDE-PUMPIDO sobre la destitución de Fungairiño: “La paciencia tiene un límite”
ESPAÑA. **Página 22**
Editorial en la **página 14**

SALGADO dará “un paso más” para evitar que se fume en bares
SOCIEDAD. **Página 30**

EL ARZOBISPO de Barcelona dice que se siente “ofendido” cuando escucha la Cope
SOCIEDAD. **Página 33**

LA INFLACIÓN interanual se situó en enero en el 4,2%, más del doble del objetivo oficial
ECONOMÍA. **Página 64**

EP3
Kanye, nominado

Cine en español

'Mar adentro'

EL PAÍS ofrece hoy, por 5,95 euros, *Mar adentro*, de Alejandro Amenábar, premiada con un *oscar* en 2005.

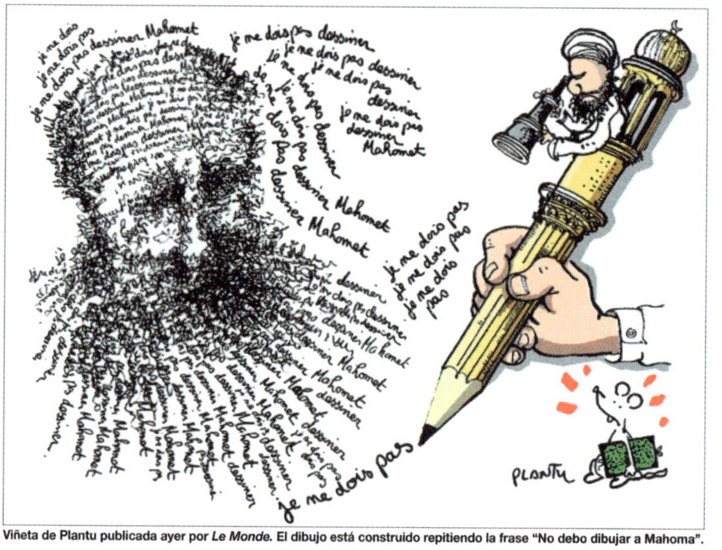

Viñeta de Plantu publicada ayer por *Le Monde*. El dibujo está construido repitiendo la frase “No debo dibujar a Mahoma”.

Arrecia la polémica por las viñetas de Mahoma

Las protestas por la publicación de viñetas y caricaturas de Mahoma aumentaron ayer en los países musulmanes mientras los medios de comunicación europeos entraban a fondo en un debate sobre el equilibrio entre la libertad de expresión y el respeto a las creencias religiosas. Hasta el secretario general de la ONU, Kofi Annan, entró ayer en escena para pedir que la libertad de expresión no se utilice como excusa para insultar a las religiones. La publicación de los dibujos le ha costado el puesto al director del diario *France Soir*, destituido por el propietario del diario, de origen egipcio. **Páginas 2 y 3**

El Gobierno obligará a Gas Natural a vender más centrales de las previstas

El Consejo de Ministros autoriza hoy la OPA sobre la eléctrica Endesa

El Gobierno autorizará hoy la oferta de adquisición (OPA) lanzada por Gas Natural sobre la eléctrica Endesa en septiembre, pero impondrá importantes condiciones. Así, la empresa resultante de la operación deberá vender centrales con una potencia global de 4.300 megavatios, 1.200 más que lo anunciado por Gas Natural cuando presentó la oferta de compra. Algunas instalaciones que deberán ser vendidas están en Cataluña y en Andalucía, donde Endesa, a través de Fecsa y Sevillana, controla el mercado de generación.

Para autorizar la OPA sobre Endesa, el Gobierno ha seguido algunos de los criterios planteados por la Comisión Nacional de la Energía (CNE) y por la minoría de vocales del Tribunal de Defensa de la Competencia (TDC) que votaron a favor de la operación. Entre otros puntos, ambos organismos plantearon la necesidad de reducir el poder de la nueva empresa en el mercado del gas.

Con la autorización de la operación, el Gobierno abrirá la puerta a la reordenación del sector energético. La Comisión Nacional del Mercado de Valores (CNMV) deberá autorizar ahora el folleto de la operación. **Página 61**

Municipios del PP recalifican en Murcia suelo de Polaris para hacer 58.000 viviendas

Cinco ayuntamientos de Murcia gobernados por el PP —Alhama, Mazarrón, Fuente Álamo, Torre Pacheco y Murcia— han recalificado, o están en proceso de hacerlo, unos 25 millones de metros cuadrados de suelo rústico propiedad de Polaris World. Esta empresa proyecta construir 58.000 viviendas en esos terrenos. La aprobación de los convenios urbanísticos depende de la Consejería de Obras Públicas, que dirige Joaquín Bascuñana, miembro de la junta directiva nacional del PP. Constituida en 2001, Polaris participa en el grupo al que el Gobierno regional de Ramón Luis Valcárcel adjudicó la gestión de la televisión autonómica y ocho canales de televisión digital terrestre en la región. El PSOE vincula al hermano de Valcárcel con Polaris. **Página 29**

El País, 2006.

Souris et tais-toi, Seuil, 2015.

Chapitre 4

LES DÉMONS DE LA CENSURE

Rien n'énerve plus Plantu que le mélange des genres, quand les journalistes deviennent caricaturistes et piquent à Jean son boulot, qui consiste à forcer le trait pour faire jaillir un dialogue, de préférence vigoureux. S'il possède sa carte de presse depuis 1973, il sait combien son rôle est spécifique et, comme il le dit souvent, « casse-gueule ». Dans l'instant où il dessine, il s'efforce de ne pas penser aux interdits qui pourraient brider son instinct de créateur funambule sur le fil de l'actualité. Chaque matin, surtout dans les années où il devait « tordre » à sa façon un sujet brûlant de l'actualité en une du *Monde*, Plantu se mettait dans un état de veille quasi permanent. L'exercice n'a jamais été de tout repos, d'où ces cardiologues qu'il a épuisés tout au long de sa carrière – il dit trois car il aime exagérer (puisqu'on vous dit qu'il est caricaturiste !), la réalité est deux, comme le nombre de policiers qui le protègent. En plus de quarante-cinq ans de dessins pour *Le Monde*, il n'a jamais rendu sa copie hors délai. Paradoxe du dessinateur de presse scrupuleux jusqu'à l'angoisse : pas un camp, pas un parti, pas une idéologie ne peut compter sur lui. Son journal, si. Plantu répond toujours présent quand son canard le requiert, même s'il le malmène. Et au cours de toutes ces décennies, Jean n'a pas été ménagé. Dans certaines périodes son dessin pouvait paraître aux yeux de ses chefs du moment trop ceci ou pas assez cela, trop complaisant pour les uns, trop sévère pour les autres.

Le Monde, 2008.

Quand il tente de définir ce qui le contraint au milieu du champ de liberté qui est le sien et dont il n'a cessé de défendre les contours, ses mots sont précis : « Il faut que je puisse laisser vagabonder mon imagination, et en même temps que je bride mon vagabondage, explique-t-il. Mais je suis peut-être mon pire censeur. Je pourrais représenter une main qui dessine avec une autre main qui l'empêche. Il y a sans doute un dessin à imaginer autour de ma main qui maîtrise et l'autre moi-même qui va peut-être empêcher la fulgurance du moment.

Devant une page blanche, je ressens cependant un appel irrésistible. La page blanche me parle, elle me dit que tout est possible. Et c'est ce "tout est possible" que j'écoute d'abord. C'est comme un premier rendez-vous. Le vagabondage peut commencer ».

Pourtant, ce qu'il sent monter depuis des années, c'est une forme de censure radicale qui lui réglera son sort comme à tous ceux de son espèce : une bonne photo dans son espace et n'en parlons plus !

L'Express, 2013.

Le Monde, 2009.

L'image peut surprendre, elle est saisissante. Plantu dessinateur se sent comme une femme qu'on aurait confinée à la cuisine. Explication ? La voici. « Je me compare aux femmes pendant la guerre, précise Jean. On a besoin d'elles pour fabriquer les obus. Elles vont même dans les tranchées pour donner à manger et à boire. Elles sont résistantes. Elles portent parfois les munitions avec leurs bicyclettes. Et puis, pendant les périodes dites de démocratie, entre les guerres, on leur dit qu'elles sont bien gentilles mais qu'elles doivent retourner à la cuisine faire la vaisselle ! Je considère qu'aujourd'hui le dessinateur de presse est dans les cuisines. On le range au placard car ce n'est plus l'heure d'être dérangeant. On le ressortira le jour où la République sera en danger. Quand ça pétera de nouveau, ce que je crains, on retrouvera ce que je retrouve partout dans le Maghreb, dans toute l'Afrique noire, en Amérique latine, là où ça bouge, et en Iran bien entendu : le dessinateur de presse redeviendra le fer de lance de la résistance. Si ce n'est pas trop tard. Comme on vit dans une Europe endormie, on ne juge pas utile de sortir les femmes des fourneaux. »

Quand les femmes sont-elles sorties de la cuisine la dernière fois selon lui ? « Au moment des grands combats, rappelle Plantu. Par exemple, on m'a laissé sortir de la cuisine pour donner des dessins qui étaient le contraire de la ligne éditoriale sur la burqa. J'ai pu dire ce que j'avais à dire. Et aussi au moment du vote en faveur de Jean-Marie Le Pen, en 2002. Là, il y avait un combat. La république était en

Le Monde, 2002.

cause, le dessinateur avait des choses fortes à dire. Au moment du Kosovo, à tort ou à raison, je pensais qu'il fallait dénoncer Milosevic. En 1991, j'étais d'accord avec les alliés pour aller combattre Saddam Hussein, pas en 2003. »

Ce qui l'a fait ressortir furibard de la cuisine et saignant comme une entrecôte, c'est aussi le mandat de François Hollande, le sentiment que la gauche a trahi le peuple de gauche. Ceux qu'il appelle « les escrocs de la pensée », il ne les rate pas, et sa main de gaucher n'est pas stoppée par l'autre main. Pourtant une petite voix lancinante le tarabuste matin après matin. La crainte qu'un rédacteur en chef l'appelle et lui dise d'une voix suave : « Jean, gare au dessin de trop, pense à raccrocher. » Cette voix, il l'entend depuis toujours. Quand un lecteur est mécontent de son dessin, il lui conseille sans ménagement de laisser sa place aux autres. Une vieille angoisse qui le ramène à ses premiers affrontements avec le secrétariat de rédaction (SR) du *Monde* jadis tout-puissant, qui pouvait décider à quel endroit serait placé son dessin dans le journal, visible ou non. Au milieu des années 1970, quand Plantu se confronte à ceux qu'il appelle « les commissaires politiques de la CGT », une partie d'entre eux défend les Khmers rouges et considère que les boat people sont de riches privilégiés qui

Le Monde, 2002.

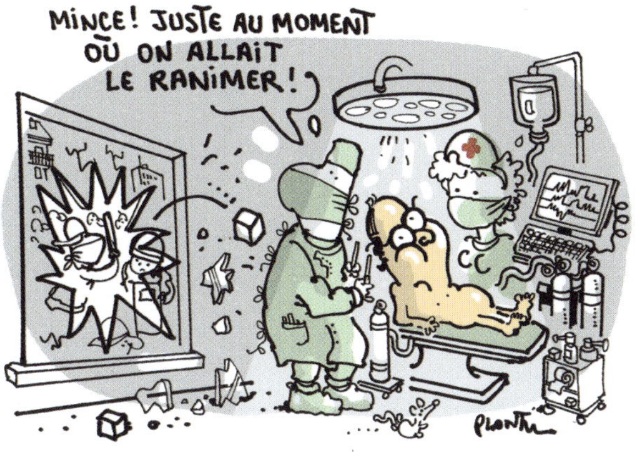

Le Monde, 2016.

fuient Phnom Penh. « C'est un immense scandale qui a été tu, se souvient Jean. Le scandale des représentants de la CGT et des employés qui adhéraient aux thèses révisionnistes. On n'en parlait jamais. »

Du négationnisme au *Monde*, vraiment ? « Si on parlait de génocide au Cambodge à certains gars de la CGT, poursuit Plantu, ils t'opposaient le nom de Faurisson, que je ne connaissais pas. Et ils te disaient que les 6 millions de morts de la Shoah, ce n'était pas si sûr. Une petite partie agissante de la CGT du *Monde* était pro-Faurisson. Plus tard, en 1979, rue des Italiens (alors siège du quotidien), près de l'affichage officiel des syndicats protégé par des vitres fermées à clé, j'ai vu un affichage rebelle et dissident. Il montrait des photos d'enfants tués par les bombes soviétiques en Afghanistan. Ceux qui avaient collé ces images n'avaient pas la clé pour couvrir le discours officiel. Une fois encore, la CGT prosoviétique acceptait l'inacceptable… et révisait l'histoire. »

Nombre d'entre eux travaillaient alors au secretariat de rédaction, un État dans l'État, où l'on considérait en gros que le dessin était vulgaire.

Non publié, 2006.

Le Monde, 2004.

Même si un rédacteur en chef tenait absolument à publier un dessin, il pouvait ne pas parvenir à ses fins si ledit dessin n'était pas du goût de la personne en charge des pages. « Tous de grands amis des arts, dit Plantu… En fait, on avait nos SR préférés et les autres. Nous, les dessinateurs, on savait que si tel ou tel SR s'occupait de notre page, c'était foutu. Le directeur, Jacques Fauvet, pouvait accepter une petite critique de la gauche, mais elle pouvait ne pas être imprimée : on se heurtait au barrage des SR. Régulièrement André Fontaine, devenu directeur, disait : "Je reprends ce dessin qui est dans la poubelle et vous le mettrez demain à la une." Il y avait la pensée éditoriale *Le Monde* et la pensée SR.

Plantu n'est pas au bout de ses peines. À partir de 1977, le paquebot de la gauche avance. L'espoir, c'est Fauvet qui l'a dit, n'a pas de verrue, et le visage de Mitterrand reste donc lisse comme celui d'un nouveau-né. Dès que Jean égratigne le premier secrétaire du PS, le chef des SR déboule dans son bureau. « C'était un vrai problème. Mon style, c'était aussi de critiquer la gauche. Je suis amoureux de la gauche. *Le Monde* avait fait ce qu'il fallait pour qu'elle gagne. Quand elle est arrivée au pouvoir, je voulais pouvoir la critiquer. Or les SR m'en empêchaient. De temps en temps, ils venaient m'expliquer que j'aurais été mieux à ma place au *Figaro*. Je répondais que je tenais à faire ma critique de la gauche ici, au journal. Évidemment, mon dessin était déjà à la poubelle. Je ne compte plus ceux qui ont fini comme ça. Même une critique de Boumediene, le président de l'Algérie, était impossible. En 1977, je me rends à Alger avec une responsable de *Croissance des jeunes nations.* Elle me montre un bâtiment de la famille Boumediene financé par la corruption. Je lui demande pourquoi elle ne dénonce pas cette situation dans *Croissance des jeunes nations.* "Non, répond-elle, ils sont socialistes, alors…" Tout le drame de l'Algérie, c'est que nous, journalistes, n'avions pas le droit de critiquer le FLN de Boumediene. De nombreux dessins sur lui ne sont pas passés à l'époque de Fauvet car il ne fallait pas critiquer Boumediene, pas critiquer la gauche. C'était interdit. »

Le Monde, 1977.

À partir de 1974, Plantu travaille pour *Le Monde diplomatique,* dominé par la haute figure de Claude Julien. Après une candidature malheureuse à la tête du quotidien, ce brillant esprit s'est replié sur ce mensuel prestigieux très engagé à gauche, dont les locaux étaient au cinquième étage de l'immeuble historique des Italiens. Jean admire Claude Julien, qui contribue à son éducation politique. Physiquement, il ressemble au futur président, au point que Plantu lui empruntera certains de ses traits, comme sa « petite joue ». Pour autant, il règne

Claude Julien, *Le Monde*, 1982.

au *Diplo* une certaine pesanteur idéologique. Une rédactrice en chef refuse ainsi qu'il dénonce les fusées SS-20 soviétiques pointées sur Paris. « Je n'avais le droit de dessiner que sur les fusées Pershing américaines pointées sur Moscou. Et quand elle se rendait compte que je dessinais sur les deux dans *Le Monde*, elle me disait, elle aussi, que j'aurais pu dessiner au *Figaro*. »

Dans les pages du quotidien du soir, il est des sujets qui restent tabous. Impossible certains jours par exemple de critiquer Georges Marchais. Les « crypto-communistes » du journal brandissent le Programme commun et menacent Jean sans détour : « Tu ne touches pas au PCF ! » Quand la municipalité communiste d'Ivry attaquera au bulldozer un foyer de travailleurs maliens, pas question de donner un seul coup de crayon. « J'ai rendu un dessin qui n'est pas paru. Finalement, un autre est paru, je ne sais comment. Mais il a fallu que je trouve un compromis pour qu'il soit publié. » Le temps a passé, Jean n'a pas oublié mais les tensions sont retombées. « En décembre 2017, dit-il, je me suis rendu à l'inauguration d'une exposition hommage à Georges Marchais, place du Colonel-Fabien, au siège du PCF. Sa famille était au grand complet. Ils m'ont montré mes dessins, ceux qu'ils avaient choisis spécialement pour cet événement. L'assistance était émue, et j'ai vu le moment où j'allais tous les embrasser sur la bouche… »

Mais quand la CGT du livre fait des siennes et bloque les imprimeries pour faire entendre ses revendications, Jean a la dent dure. En 2012, sous le titre « Plantu dénonce la fatwa de la CGT » il n'y va pas par quatre chemins : « Il faut savoir que tous les dessinateurs de presse depuis 1945 n'ont jamais le droit de critiquer le syndicat du livre CGT. Les dessinateurs danois n'ont pas le droit de dessiner Mahomet, les dessinateurs français n'ont pas le droit de critiquer la CGT du livre. » À ce texte, il n'enlève pas une virgule. Et on sent une indignation qui n'est pas retombée.

Le Monde, 1992.

« Il est de bon ton de dire à propos des caricatures de Mahomet : “Ah, les Danois ! Ils ont le droit de tout dire, c’est ça la liberté !” Ceux qui tiennent ce discours en France sont les mêmes qui ne touchent pas aux ayatollahs du PC, du Front de gauche ou de la CGT. Ils vont passer sur les antennes pour demander pourquoi un artiste n’aurait pas le droit de représenter Mahomet, mais ils sont sous la table dès qu’il s’agit de la CGT et du PC. Qu’ils adhèrent aux idées du Parti communiste, je le respecte. Mais ils ont le blasphème à géométrie variable.

Je suis pour un irrespect maîtrisé. C’est mon grand différend avec certains dessinateurs qui laissent croire qu’ils ont tous les droits. Je n’y crois pas. Et ils ne le croient pas eux-mêmes. Ils le disent mais c’est faux. Ils font de l’autocensure. Je ne connais d’ailleurs pas de dessinateur qui s’autoriserait à dessiner tout – je dis bien *tout* – ce qui lui passe par la tête. Dire le contraire est une posture démagogique qui trompe les jeunes. »

Avec les années, Plantu n’a pas cousu les ailes de sa colombe pour l’empêcher de voler, même dans les régions du monde ou de la pensée qui ont pu noircir ses plumes et lui en arracher quelques-unes au passage. La liberté de Plantu est-elle soumise à des limites imposées par d’autres que lui ? Vu de l’extérieur, les lecteurs se demandent souvent s’il agit pleinement en franc-tireur ou s’il est contrôlé. Si l’autocensure est sa seule censure. « C’est en effet la première question que tout le monde me pose, admet Jean : êtes-vous contrôlé, êtes-vous censuré ? Au moment de la guerre de Bosnie et surtout du Kosovo, en 1999, la machine *Le Monde* a été complètement antiserbe. Elle faisait peu de cas des factions croates, bosniaques et kosovars. J’ai eu un mal fou à placer des dessins qui critiquaient les milices autres que serbes, même si j’ai fini par y parvenir. Seuls des Bosniaques étaient expulsés de leur maison et jamais des Serbes, ce qui n’est pas vrai. »

« J’aurais aimé m’intéresser à l’UÇK, l’armée de libération du Kosovo, mais ça ne collait pas avec la une. Mon dessin devait illustrer le papier principal de la première page. Si la une n’avait pas décidé de s’intéresser à l’UÇK, c’était impossible ! Un jour, dessinant depuis le Sri Lanka, j’ai fini par envoyer un dessin sur l’UÇK. Le directeur de la rédaction, me téléphone : “Tu es à dix mille kilomètres, tu ne te rends pas compte !” C’était l’époque où Peter Handke était vomi par toute la classe culturelle parce qu’il s’était rendu à l’enterrement de Milosevic. Le directeur de la Comédie-Française avait déprogrammé la pièce que Handke devait mettre en scène. Et quand Régis Debray est allé à Pristina, osant dire à son retour

que l'affaire n'était pas si simple, il a eu droit à un papier de Bernard-Henri Levy dans *Le Monde*, titré : “Adieu Régis !” Régis Debray n'arrivait même plus à déjeuner au restaurant. Le maître d'hôtel lui disait : “Je n'ai pas de table ! Je n'ai pas de table !” On était plongés dans une telle intolérance… » [Voir page 106.]

Lors de l'affaire Baudis, qui se terminera par un non-lieu en 1990, Plantu devra lutter contre une autre forme de manipulation. La direction de l'époque n'excluait pas, au nom d'une intime conviction douteuse, que l'ancien maire de Toulouse ait pu participer à des soirées sado-maso avec viols d'enfants. « La petite musique que j'entendais, se souvient Plantu, aurait pu conduire ma main et mon crayon à salir Dominique Baudis. Je sentais bien autour de moi l'odeur de la meute mais heureusement, j'ai pu éviter de faire un dessin qui aurait humilié inutilement l'ancien maire de Toulouse. » À l'inverse, pendant des années, Plantu demande en vain de pouvoir dessiner sur la pédophilie dans l'Éducation nationale. « Nous ne pouvions que condamner les prêtres pédophiles. Critiquer les curés c'est tellement facile ; parler de la pédophilie dans l'univers scolaire demandait beaucoup plus de courage. Aujourd'hui, on découvre qu'il existe des viols d'enfants dans l'enceinte de l'école. Les yeux se sont ouverts et les crayons du dessinateur peuvent enfin œuvrer… »

Revenons aux années 1990. C'est à cette époque trouble et troublée du *Monde* qu'est apparue une petite souris dans les

21 JUIN 1995
Première apparition de la souris.

dessins de Jean. Très vite les lecteurs – et ses amis – se sont perdus en conjecture. Que voulait-il dire avec ce petit animal qui justement ne disait pas un mot, mais dont la présence nouvelle semblait éloquente, surtout si la souris portait un bâillon (et si elle n'en avait pas, on avait l'impression qu'elle en portait un, tour de force subliminal !) ? Jean voulait-il envoyer un SOS au lecteur, lui laisser penser que son trait était contraint, contraire à sa volonté profonde ? Mais où allait-on chercher tout cela ?! L'histoire est d'abord personnelle.

Plantu dessiné par Cabu

Inédit, 2003.

Après un grave désaccord avec la directrice artistique de l'époque qui vient de licencier sèchement deux dessinateurs, Plantu lui écrit plusieurs fois pour défendre ses amis. Sans aucune réponse de l'intéressée. Alors en réaction, il imagine une sorte de pied de nez avec cette petite souris maligne qui s'obstine à titiller Chirac et Juppé. « Pourquoi la souris ? Je n'en sais rien, répond Jean. Peut-être parce que la petite souris finit par se faire bouffer par le chat ». Évidemment, maintenant qu'elle existe, les lecteurs la réclament ! Quand le problème des dessinateurs renvoyés est aplani, les fans sont à deux doigts de manifester au pied de l'immeuble du *Monde* si le créateur ne leur rend pas sa créature ! Plantu intègre donc son facétieux rongeur à ses dessins comme Filament dans *Géo Trouvetou.* Mais comme l'a dit Gide, « on sait ce qu'on a écrit, on ne sait pas tout ce qu'on a écrit ». Et cette diablesse de souris qui a fêté ses vingt ans avec toutes ses petites dents en dit plus que son créateur. Elle a pris dans l'esprit des lecteurs une place grandissante, permettant souvent à Jean de donner une autre dimension à son dessin. Il ne faudrait pas croire que, dans un grand élan d'autosatisfaction, Plantu se dédouane de tout ratage ou manque de discernement. Loin de lui l'image du chevalier blanc sans reproche qui aurait traversé un demi-siècle sans faux pas ni regret. Des repentirs, il en a à la pelle (une petite pelle, tout de même, n'exagérons rien !), comme celui qui le saisit lorsqu'il cherche vainement un dessin sur le « non » au référendum européen de mai 2005. « J'ai beau regarder toute ma collection de dessins : RIEN, je n'ai rien fait ! Impardonnable », constate Jean, sincèrement affligé. Il se souvient aussi d'une grosse bourde parue en 1997. N'a-t-il pas affirmé que le pape Jean-Paul II voulait enregistrer un clip avec le chanteur Plastic Bertrand ? « Je me souviens que je suis allé faire vérifier l'info auprès du service culturel du journal. Je suis tombé sur une stagiaire qui m'a confirmé cette fake news. Et j'ai osé faire imprimer à la une du *Monde* un dessin avec en titre : « Jean-Paul II enregistrera un disque dans lequel il récite un texte sur une musique de Plastic Bertrand. » Pas de quoi fouetter un dessinateur, encore que… !

Jean-Paul II enregistrera un disque dans lequel il récite un texte sur une musique de Plastic Bertrand

***Le Monde,* 1997.**

Un souvenir personnel pour terminer cette séquence. En 2010, *Le Monde* avait obtenu un grand entretien avec Christophe de Margerie, alors P.-D.G. de Total, dans lequel nous l'interrogions sur les activités critiquables de sa société en Birmanie, avec des soupçons de recours

Le Monde, 2007.

à une forme d'esclavage de la population – dont des enfants – sous la férule de la junte militaire. Le patron de la compagnie pétrolière française ne s'était pas défilé. Il avait répondu à nos questions. Le matin même, Plantu me présenta un dessin pour la une montrant un camion de Total conduit par des soldats fonçant dans la jungle birmane et écrasant sur son passage des dizaines de malheureux. Après discussion avec la rédaction en chef, on estima déloyal de publier ce dessin alors que Christophe de Margerie nous avait accordé sa confiance et abordait ce sujet épineux du travail forcé. Jean accepta notre décision et d'un commun accord, nous publiâmes ce dessin dans l'édition du lendemain, en page 2. Mais le jour même, c'est une photo qui fut retenue pour occuper l'espace du dessin, et ce choix mortifia notre ami. Dans la rédaction, le bruit courut, colporté par la courageuse Société des rédacteurs : « Fotto a censuré Plantu. » Jean lui-même éteignit ce départ d'incendie dans un verre d'eau pétrolée. « Cette petite affaire fut réglée entre gens de confiance, tient-il à préciser. Cela ne me posait aucun problème qu'on repousse de vingt-quatre heures la publication de mon dessin vachard contre Total en Birmanie. Le vrai sujet de ma colère était ailleurs : pendant la brève conversation qui a duré trois minutes entre le directeur, le rédacteur en chef et moi, un secrétaire de rédaction zélé a remplacé mon dessin par une photo pêchée en un clic sur Internet. Quel choc pour moi ! J'ai compris ce jour-là qu'un dessin dérangeant dans un journal pouvait être remplacé en une seconde par une photo non dérangeante. J'ai compris aussi que la profession de dessinateur de presse basculait : Internet et un journaliste zélé pouvaient balayer une opinion. Je me souviens qu'en 1996 un dessin sur la drogue en banlieue avait déplu au directeur de la rédaction [voir page 108], qui voulait taire l'existence de tels problèmes dans les cités. Il m'a demandé de refaire le dessin. Je suis revenu une demi-heure après avec… le même dessin… J'ai eu droit à un remontage de bretelles par le "Bureau des commissaires politiques" de l'époque mais le dessin a été publié car, techniquement, Internet ne pouvait pas encore proposer une photo non dérangeante de remplacement. L'époque a changé. »

Une goutte menaçait de faire déborder le vase. Deux ans après l'épisode fâcheux de la photo remplaçant le dessin – alors que j'avais quitté le journal racheté par de nouveaux actionnaires –, le dessinateur du *Monde* fit une déclaration le crayon entre les dents. « La peur des décideurs et des rédacteurs en chef s'est installée un peu partout. Nous sommes dans l'univers du politiquement correct où les gens n'osent plus dire ce qu'ils ont dans le ventre. Si vous mettez un minaret sur votre croquis ou dessinez une jeune femme d'une certaine façon, cela pose un problème. Sur lemonde.fr, mes dessins viennent d'être remplacés par des images non dérangeantes et des photos esthétiques ont pris leur place. » Ce nouvel épisode conforta Jean dans ses craintes de voir menacé l'espace de liberté que représente son dessin. Sa réponse est à la hauteur de sa colère. C'est une des rares fois lors de nos longs et nombreux entretiens où j'ai senti la rage dans la voix et le regard de Plantu. « Lemonde.fr a fait disparaître les dessins politiques, explique-t-il. Le jour où je propose un dessin qui est la vraie réponse à l'interdit des fatwas, ils mettent une photo sur lemonde.fr. Je l'ai dit à l'époque au responsable du monde.fr mais il avait choisi sa priorité : pas de vague ! C'est la peur, leur peur ! On est un journal. On n'est pas *Jours de France*. Il y a un moment où il faut mettre les tripes sur la table ! Il faut répondre à l'interdit. Et ce dessin, je le revendique. C'est un des dessins dont je suis le plus fier. Il est la vraie bonne réponse à l'interdit. Et eux, qu'est-ce qu'ils mettent ? Une photo que tout le monde a oubliée. Ils sont jeunes et ils ont déjà peur. Ils seront comment à quarante ans ! Ils ont déjà intégré la peur. Alors on choisit le non-dérangeant total. On dit quoi ? On dérange quoi ? J'ai toujours dit aux différents directeurs du *Monde* que j'avais la chance de pouvoir dire tout ce que je voulais dans mes dessins. Mais, parfois, à quel prix ! Un jeune dessinateur à ma place aurait-il la possibilité de proposer ses opinions graphiques à la une ? »

Dessiner, c'est résister. Et Jean résiste, lucide et combatif. « À l'époque de Plenel, dit-il les chefs me comparaient toujours à Jacques Faizant au *Figaro*, qui avait fini par être écarté la veille de ses quatre-vingt-sept ans. Je voudrais éviter une telle humiliation. J'aimerais bien partir avec élégance. Plusieurs fois, j'ai suggéré à la direction du *Monde* qu'elle installe un jeune en une. Ça n'a pas été fait. Le jour où je ne serai plus au journal, je crains qu'ils ne mettent une photo à la con. Une photo qui ne voudra rien dire, qui ne dérangera pas. Ou une pub. »

Lettre de *Reporters sans frontières*, 1995.

Guerre du Kosovo, *Le Monde,* 1999.

Le *Monde,* 1991.

Le Monde, 1996.

Les fusées Pershing / SS-20, *Le Monde,* 1993.

Le Monde, 2000.

Non publié, 2010.

Chapitre 5

MISSION CARTOONING FOR PEACE

C'est un tournant dans la vie de Plantu. Crayonner est devenu synonyme de rayonner. Ses dessins lui échappent pour se retrouver dans les journaux du monde entier. Pas étonnant qu'au mitan des années 2000, ils tapent dans l'œil perçant et visionnaire de Kofi Annan, alors Secrétaire général des Nations unies. Perçant car il sait voir ce que disent les dessins de Jean derrière l'humour. Visionnaire car il pressent combien l'usage de la caricature relayé par l'étincelle numérique peut mettre le feu aux poudres à tout moment et n'importe où sur la planète. C'est le début d'une nouvelle ère dans l'histoire de la liberté d'expression, avec la fin de l'entre-soi. Le dessinateur du *Monde* en a une conscience aiguë et salutaire, parfois douloureuse quand son trait est détourné comme le cours d'un fleuve pour nourrir les fanatismes les plus aveugles. Quand un dessin devient globe-trotter sans les codes qui ont présidé à son inspiration, les malentendus les plus tragiques sont désormais à craindre. Kofi Annan l'a pressenti, Plantu l'a compris.

C'est ainsi que le 16 octobre 2006, au siège de l'ONU à New York, les deux hommes organisent un colloque intitulé « Désapprendre l'intolérance ». Un moment clé qui jette les bases de la future association Cartooning for Peace, que Jean va bientôt créer. En cet automne 2006, une douzaine de dessinateurs de la presse internationale ont été réunis, représentant les confessions juive, chrétienne, musulmane, mais aussi des agnostiques et des athées. Ensemble, ils réfléchissent à leur responsabilité éditoriale dans un univers que le Web a rendu plus explosif encore, avec la dissémination instantanée de leurs dessins et les usages dévoyés que peuvent en faire les intégristes de tout poil. Depuis quelques années déjà, Plantu et Kofi Annan se rencontraient à Paris et à New York. En 2005, on l'a dit, une partie du monde arabe s'est embrasée après la publication de douze caricatures de Mahomet par des dessinateurs danois, et publiées par le *Jyllands-Posten.* Rien ne sera plus pareil après le choc des cinquante morts au Pakistan qui montrent une terrible réalité : l'humour mal compris peut tuer.

« Rien ne naît de rien, ou ce rien est déjà quelque chose », notait Pasteur. Les germes de Cartooning for Peace sont déjà dans les deux rencontres que fait Plantu dès le début des années 1990, avec Yasser Arafat puis Shimon Peres, pour leur faire signer le même dessin. Deux ans avant les accords d'Oslo de 1993, il a finalement réussi ce tour de force de recueillir leurs signatures sur un document dessiné reconnaissant un état palestinien à côté d'Israël, avec le tracé de leur frontière commune. À cette époque, l'agence Reuters parle de « *Cartoon's diplomacy* », et le Festival du scoop d'Angers, on le sait, a décerné à Jean son prix du document rare pour le film tiré de cet événement.

Comme Fabrice à Waterloo, Plantu n'a sans doute pas mesuré tout l'impact

1991-1992

Arafat-Pérès

qu'allait représenter pour lui ce qu'il appelle « l'accident sublime de ces rencontres ». À ce moment-là, Arafat est incapable de prononcer une phrase qui dirait : « Je reconnais le peuple israélien, je reconnais l'État d'Israël. » Il esquisse parfois des ouvertures en anglais ou en français, jamais dans sa langue. Au ministre des Affaires étrangères Roland Dumas, il dira ainsi que la partie de la charte palestinienne demandant la disparition d'Israël est « caduque ». Il utilise le mot en français et en anglais, pas en arabe. Plantu a comme une révélation : il comprend que le dessin peut délier des langues. Or le dessin est universel. « Quand Arafat est avec moi, ça lui échappe, analyse Jean. Ou alors il maîtrise moins bien. Au bout du compte, il reconnaît l'État d'Israël et tout le monde peut le voir, qu'il soit anglais, américain ou palestinien. Tout le monde comprend. Les cassettes VHS ont circulé dans toutes les chancelleries du Proche-Orient. C'était deux ans avant les accords d'Oslo de septembre 1993. »

Comme Soulages affirmant « c'est ce que je fais qui m'apprend ce que je cherche », Plantu cerne mieux le sens des images depuis ces rencontres, et aussi la portée d'une pensée quand elle est racontée graphiquement. Ses deux interviews d'Arafat et de Peres à Tunis et à Jérusalem l'ont éclairé sur ce qu'on peut dire, ce qu'on a le droit de dire, sur ce qu'il est possible de dire – ou non – par un autre langage qui s'appelle l'image.

Avec les caricatures danoises de 2005-2006, la prise de conscience est brutale. À ce moment-là, Plantu et la plupart de ses collègues ignore que dessiner le portrait du prophète est blasphématoire pour quantité de musulmans sunnites. On peut voir en Iran chiite des portraits du prophète et cela ne crée pas d'émeutes. Plantu pense que les dessinateurs danois n'ont pas voulu humilier les musulmans. Mais si plusieurs millions de musulmans sont en émoi, on ne peut l'ignorer. D'autant que face à ces réactions, une partie du monde médiatique est pris d'une effervescence : il faut absolument dessiner Mahomet ! « À l'époque, se souvient Plantu, je pense que je suis surtout un dessinateur politique, je ne suis pas un dessinateur religieux. Je me rends compte de la petite folie collective qui s'installe. Des associations juives m'ont interpellé : "Il paraît que vous ne voulez pas dessiner Mahomet ?" Je leur demande alors s'ils veulent que je dessine Moïse montrant qu'il n'a jamais ouvert la mer rouge. Réponse ? "Euh, parlons de Mahomet, s'il vous plaît !" »

Le Monde, 2011.

À travers ses dessins, Plantu compare le courage de caricaturer en pays musulman à la Résistance. Quand il a ajouté des yeux à la version initiale, il l'a appelé « Sous l'Occupation ». Le parallèle est explicite. Dans les années 1940, Paris était occupé. Maintenant avec Internet, une société – et la communauté hétéroclite de ses dessinateurs – peut être occupée par le regard malintentionné de fondamentalistes de toute religion. Cartooning offre cette possibilité de résister avec à-propos et lucidité.

Sur le fond, Plantu est solide sur ses positions. « Je pense que les dessinateurs ont tous les droits. Les artistes peuvent tout dessiner. C'est pourquoi j'étais avec mes amis de *Charlie Hebdo* au moment du procès de 2007, après que Cabu avait représenté en une un Mahomet débordé par des intégristes, criant "C'est dur d'être aimé par des cons !" Un dessinateur a le droit de dessiner Mahomet. Mais ça ne suffit pas. Il faut être plus malin que les intolérants qui nous attendent au tournant. Selon moi, l'urgence n'est pas de dessiner des choses qui humilient inutilement les croyants. C'est en cela que Cartooning for Peace est très différente des autres associations de dessinateurs. Nous portons une proposition de regard éditorial.

Le Monde, 2015.

La vocation d'un artiste est aussi de dessiner Mahomet, à condition d'attendre l'apaisement. » Invité à préciser encore sa pensée après les attentats meurtriers de 2015 à *Charlie Hebdo* puis au Bataclan, Jean n'esquive aucune de ses responsabilités, ni les objectifs de son association : « À Cartooning for Peace, dit-il, nous travaillons énormément dans les écoles sur le *ressenti*. On se demande pourquoi certaines personnes, à partir d'un dessin inoffensif, comprennent tout autre chose. Il faut avoir à l'esprit que dans les écoles, lorsque des jeunes constatent qu'on a le droit de faire de l'humour sur Mahomet mais pas sur la Shoah, ils en concluent : "Ça va, j'ai compris, il y a deux poids, deux mesures !" Tant que cette perception du "deux poids, deux mesures", qui existe un peu partout en France et en Europe, n'aura pas été prise en compte, on n'avancera pas d'un pouce. C'est tout le travail de Cartooning for Peace dans les écoles. Et pour revenir sur "dessiner ou ne pas dessiner Mahomet", je crois vraiment qu'un dessinateur n'a pas à dire à un autre dessinateur ce qu'il doit ou ne doit pas dessiner. Comme l'a dit Régis Debray, il existe en France un droit au blasphème, il n'y a pas un devoir de blasphème. »

La réflexion que veut mener Plantu porte sur l'humiliation. Comment ne pas humilier sans rien enlever à la charge corrosive de dessins et de dessinateurs qui récusent la notion de blasphème. On sent que la passion monte, mêlée d'inquiétude et d'indignation, quand Jean décrit la chape de plomb qui semble peser sur son crayon directement relié au monde entier via le Net. « Après les insultes de *Minute* contre Christiane Taubira ("Maligne comme un singe, elle retrouve la banane"), rappelle Jean, un copain tunisien a dit dans un dessin que son pays était une république bananière. Comme la Tunisie était alors dirigée par les islamistes, une fondamentaliste du gouvernement a qualifié ce dessin de raciste. Du coup, si on n'y prend pas garde, on ne va plus pouvoir dessiner une banane ! Le dessinateur belge Kroll a été critiqué car il dessinait des lèvres rouges aux Noirs. Je connais des dessinateurs béninois qui racontent les histoires d'un petit Béninois. Ils le dessinent… blanc. Leur rédacteur en chef préfère. Il n'est pas précisé qu'ils sont blancs, mais on voit bien qu'ils ne sont pas noirs, que rien n'est foncé sur eux ! J'étais à Atlanta, en 2006, quand Coretta Scott King, la femme de Martin Luther King, est morte. Une télévision américaine m'a suivi. Par le passé, j'avais été interpellé plusieurs fois aux États-Unis au motif que ma manière de dessiner les Noirs était raciste. Je les dessinais soi-disant trop noirs, et avec de grosses lèvres. Devant les caméras américaines, j'ai dessiné la femme de Martin Luther King comme une Blanche, et c'est passé. Je vois bien qu'aux États-Unis je dessinerais les Noirs gris, gris clair, et encore… »

À quoi sert Cartooning ? La question se pose avec une acuité nouvelle depuis le massacre de l'équipe de *Charlie Hebdo* par des terroristes islamistes. Pour Plantu, la réponse est simple, son ambition immense : « Je crois qu'on est à même de construire une université de la tolérance des pensées.

Le Monde, 2015.

Finalement c'est nous, les dessinateurs, qui sommes capables de rassembler des gens de convictions opposées et de faire naître un vrai lieu de débat. On défend des points de vue opposés sur des sujets sensibles, puis on se revoit le lendemain. Et on s'aime comme ça. Pas de voix unique et rigide. Ce que pense le dessinateur israélien, c'est sa vérité à lui parce qu'il a vécu un événement à sa manière. Mais le dessinateur palestinien a aussi sa vérité à lui parce qu'il a un autre vécu. Cartooning for Peace peut servir là où la diplomatie ou l'ONU échoue. C'est un lieu intermédiaire grâce au dessin et au rassemblement des dessinateurs. On réussit à décoincer des paroles. Là où les politiques s'invectivent, on arrive à dire des choses sous le prétexte du dessin. »

Je me souviens d'une réunion des amis de Cartooning à laquelle Plantu m'avait convié en 2012. Régis Debray avait pris la parole : « Vous êtes un lieu pour parler des choses qui fâchent sans se fâcher. Détendez-vous, détendez-nous », avait dit le philosophe. En quelques mots, il avait cerné le but de l'association. Parler de ce qui fâche. Ne pas éluder dans une époque de politiquement correct où ignorer ou euphémiser la réalité est monnaie courante. « Entrer de manière ludique dans le combat éludé », dit joliment Plantu. Cartooning est là pour se mettre au service du citoyen du monde conscient des limites de la parole et des blocages qu'elle entraîne parfois. Quand on ne peut dire avec des mots, dire tout autant, sinon plus, un crayon à la main. Croire à l'idée qu'un dessin même silencieux peut parler, quand on n'arrive plus à dire les choses. C'est le cœur du cœur de l'association fondée par Plantu, ce langage qui passe partout, cette burette d'huile qui dégrippe, décoince et, comme le dit Debray, peut détendre. « La déclinaison sous forme graphique permet de créer un débat, insiste Jean. Il faut passer par la case dessin pour délier des langues. Pour avoir des conversations et des confrontations de pensée sans haine. Parce qu'il y a l'humour, parce que c'est trois secondes, parce que dans beaucoup de pays les gens sont analphabètes. Certains vont mieux entrer dans le dessin car ils savent qu'on ne se prend pas au sérieux, qu'on ne fait pas partie des pouvoirs. »

Cette liberté revendiquée qui ne s'use qu'à condition de ne pas s'en servir – et Jean s'en sert tous les matins ! – a pour contrepartie une obligation de responsabilité. Faire et expliquer, pour déminer (sans casser la mine…), pour dédramatiser, pour apprendre à comprendre, pour réussir à s'entendre. Dans cet esprit, Cartooning for Peace édite régulièrement de

précieuses fiches pédagogiques à l'intention de tous ceux, petits et grands, qui sont touchés par le dessin d'actualité et veulent saisir sa genèse comme sa portée. En région parisienne comme en province, dans le monde arabe, aux États-Unis ou à Molenbeek, toujours accompagné par quelques complices de crayon, Plantu est devenu un ambassadeur de tolérance au service de tous ceux qui n'ont pas forcément les codes de ce langage-là. Parmi les planches publiées, les titres « Le racisme », « C'est quoi la censure » ou « Notre voisin, le Proche-Orient » parlent d'eux-mêmes. L'intention, face aux risques de crispation, c'est de répondre à une question simple dans sa formulation, moins dans sa réponse : qu'est-ce qu'une image ? « Tous les enfants dessinent, explique Plantu. Un dessin dit quelque chose. On décline tout ce qu'on peut faire avec de drôle, de grave, de lyrique, de dérangeant, d'agressif, de fort, d'humiliant peut-être. Sachons doser cet outil. On est habitués par le langage à mesurer nos paroles. Quid du dessin ? Essayons de réfléchir. Jusqu'où peut-on aller dans une image, sachant qu'elle peut aussi être un outil utile. » Une fiche de Cartooning pose la sempiternelle question : « Peut-on rire de tout ? » Si Plantu se donne les limites que l'on sait pour ne pas humilier, il se fait une règle élémentaire d'être irrespectueux. Pas pour le plaisir de l'être. Mais pour ne jamais baisser la garde. « Même si on respecte la personne, il faut flirter avec la ligne rouge, insiste Jean. Sinon, on s'endort. Mon dessin sur les trois religieux au lit propose une grille de lecture à tous les dessinateurs. Si on mélange les trois religions, on n'a pas l'ombre d'un problème. Je n'ai reçu aucune lettre pour ce dessin paru à la une du *Monde* ! Le danger surgit quand on donne l'impression de stigmatiser une religion. »

Sa responsabilité, Plantu l'a sentie grandir au fil des événements du Proche-Orient puis, dessin après dessin, à mesure que les religions faisaient irruption de façon violente dans l'espace public, récupérées et instrumentalisées par ceux qui, précisément, veulent les caricaturer. C'est aussi le combat de Jean : revendiquer son statut de caricaturiste dans un univers où tout le monde – des journalistes aux politiques, des médias de fake news aux fondamentalistes – se met à travestir le réel, à forcer le trait. « Ils me piquent mon boulot ! », s'esclaffe-t-il d'un rire grinçant, on ne sait pas si c'est du lard ou du cochon, disons ni l'un ni l'autre pour n'énerver personne, mais le coin est enfoncé.

Le Monde, 2003.

Dans nos sociétés qui défigurent le réel, qui le tordent à l'envi pour lui faire dire le contraire de ce qu'il dit, Plantu et ses acolytes de Cartooning ont encore du pain noir à trancher sur leur planche à dessin…

Au bout du compte, leurs rêves sont immenses. Cette diplomatie du crayon qu'ils mettent en avant est une manière non officielle de concourir à la paix dans le monde. Rien que ça. La paix ? Voilà aussi un mot qui pèse son poids de dessins, avec ou sans blanches colombes, dans l'univers du caricaturiste. Jean se souvient d'avoir offert une sculpture à Kofi Annan représentant un responsable de l'ONU plongé dans un profond sommeil. Devant la tribune, des gens implorent de l'aide. L'homme n'en finit plus de dormir. En venant inaugurer son exposition de dessins et sculptures au musée Carnavalet au printemps 2003, Kofi Annan s'arrête devant cette statue. Le dessinateur, pour l'occasion sculpteur, l'interpelle : « Vous ne pouvez pas le réveiller, ce gars-là ? Vous voyez bien qu'il dort ! » Le Secrétaire général de l'ONU sourit et lui donne quelques tapes dans le dos. Il repartira avec un double de la sculpture. « Quand je suis allé le voir plus tard dans son bureau à New York, il m'a dit : "Votre sculpture ne me quitte pas. Il m'arrive de la montrer à certains membres de l'ONU pour leur dire qu'ils devraient se réveiller." »

Kofi Annan, 2003.

Retour à Molenbeek. Plantu y est allé une dizaine de fois accompagné d'une lourde protection policière – seize hommes en armes. Depuis les attentats terroristes de 2015, Jean a bien vu le danger monter. Les dessinateurs en première ligne, puis les journalistes, puis les simples citoyens comme au Bataclan. Sans prêchi-prêcha, il vient parler de fraternité. Pas de sermon. Des dessins. Toujours des dessins. La fraternité ? C'est sa façon à lui de dire qu'un lecteur du bout du monde ou de l'autre côté de la Méditerranée est son frère ou sa sœur, qu'un dessin qui l'humilierait ne l'intéresse pas. Son dessin est une proposition d'opinion, si possible drôle, caustique, dérangeante, mais sans intention de blesser. Il insiste : jamais les caricaturistes danois, comme ceux de *Charlie Hebdo*, ne se sont levés un matin en voulant humilier un milliard et demi de musulmans. C'est une phrase qu'il dit et redit dans toutes les écoles. Si les réactions ont été aussi violentes, c'est que des mots n'ont pas été prononcés, des explications ont cruellement manqué. Depuis toujours Plantu se déplace dans les écoles et les facs, il voit les plus jeunes comme les ados et les étudiants. Il montre les dessins qui ont pu faire polémique et se donne la peine d'expliquer ce qu'il a voulu dire. « Quand les juifs ultraorthodoxes ont été dispensés de service militaire, j'ai prolongé leurs papillotes par du fil de fer barbelé. Aussitôt on m'a traité d'antisémite. Mais je ne lâche rien sur ce dessin, explique-t-il. » Pour lui, le travail à accomplir est immense. Quand des jeunes de Molenbeek lui envoient au visage qu'un dessinateur est un type contre les religions, il mesure combien la lutte contre l'incompréhension n'est pas gagnée, et qu'elle sera de longue haleine. Ce n'est que le début d'une conversation à établir entre les communautés.

Depuis le massacre de *Charlie*, la vie personnelle de Plantu a été chamboulée. Deux policiers l'accompagnent en permanence, et il leur est reconnaissant de cette protection. Mais comme dessinateur, rien n'a changé. Et il tient à le dire. Ce qu'il dessinait avant, il le dessine toujours, et le dessinera demain encore. Sa seule limite, c'est la vie privée, l'attaque personnelle, la chasse à l'homme – ou à la femme ! Mais s'il veut dessiner contre les salafistes, il ne va pas s'en priver. Pas question de transiger. Un voile de tristesse passe dans son regard, vite chassé par un éclair de colère contenue. Au fond, il est scandalisé qu'en France il faille désormais protéger des gens pour la seule raison qu'ils publient des dessins. « Je ne pensais pas que je vivrais un temps où un dessinateur vit dans la menace. C'est humiliant pour l'idée que je me fais de la démocratie.

Le Monde, 2012.

Quelle régression depuis Daumier, au XIXe siècle ! Lui n'avait pas de raison d'être protégé par la police. Certes il avait croupi six mois en prison pour avoir ridiculisé Louis-Philippe en le « croquant » en poire. Pour autant il n'a pas été assassiné, et après sa peine il a été libéré. Aujourd'hui, on se fait déchiqueter pour un dessin. »

L'Express, 2015.

Pourtant il en est sûr. Deux grosses vagues arrivent sur la France. Une grosse vague d'antisémitisme et une autre vague d'islamophobie. « Et moi, dit-il, face à ces deux vagues, je me bats avec deux petits seaux. » À Cartooning for Peace, ils sont sept pour mener ce combat avec lui. Ces grosses vagues, Plantu craint que nous ne soyons pas prêts à les affronter. Raison de plus pour expliquer et expliquer encore. Pour dire qu'il se fiche de la religion mais ne se fiche pas des femmes lapidées au nom de la religion. Que s'il dessine sur le calvaire de Malala, c'est pour défendre le droit des jeunes filles à aller à l'école au Pakistan. Le débat continue, le combat aussi.

Les dessinateurs de Cartooning for Peace, 2015.
Photo Jérôme Tripier

L'Express, 2014.

Non publié, 2014.

L'Express, 2015.

Le Monde, 2003.

Le Monde, 1997.

L'Express, 2006.

Non publié, 2011.

Chapitre 6

LE TRAIT ET LE STRESS

Regarder Plantu dessiner, c'est d'abord tendre l'oreille. Le feutre qui glisse sur le papier fait le bruit de pneus qui crissent dans un parking. On sent l'énergie, l'électricité, la vitesse d'exécution, une force qui crépite, l'œil directement relié à la main par une fibre optique invisible. L'exercice matinal du dessin pour un quotidien est une gymnastique, un sprint et un marathon à la fois. Comme la plupart des artistes, Plantu ne se sent pas en mesure d'exprimer la portée de son travail, même si plus de 22 000 crayonnés sont sortis de sa planche en près d'un demi-siècle. « Est-ce que mon trait raconte une époque ? Je ne sais pas, dit-il simplement. J'ai toujours été obnubilé par un regret : j'aurais dû faire de la musique. Elle parle encore plus au ciel. Les hommes politiques, c'est terre à terre. Même si c'est un art particulier de les croquer. Quand je sculptais, j'allais plus loin. Quand je peignais aussi. Parce que la sculpture et la peinture requièrent plus de temps. Au journal, à 10 h 15, 10 h 20, je dois terminer et rendre fissa mon dessin. La sculpture, je peux décider de casser un morceau parce que je ne suis pas satisfait. J'ajoute du Plastiroc et je le fais autrement. »

Le temps, ce temps qui dévore Plantu est sans doute la grande affaire de sa vie. Lutter contre le temps ou en faire son allié, c'est selon. « Quand je sais qu'on attend de moi une grande fresque remplie de détails pour la une, je peux y passer trois heures si je connais le sujet à l'avance Mais en gros je dispose d'une heure à une heure et demie. » D'abord, il cherche l'idée. Cela se passe entre 6 heures et 8 h 30 du matin. C'est le plus difficile. Chaque jour au lever, un stress – une pensée pour les cardiologues –, il se dit sincèrement qu'il ne trouve rien, que cette fois c'est sérieux, il ne va rien trouver. C'est pour cela qu'il exige d'être seul, toujours seul. Qu'on lui foute la paix. Plantu planté devant sa télé, sa radio, devant son écran, sa page blanche, et se demandant que faire. Impression angoissante certains matins de n'avoir rien à dire, de n'avoir plus rien à dire, de l'avoir déjà dit et mieux peut-être, avant, oui, forcément mieux… Il lit sans lire, écoute sans écouter, une pensée flottante qui va des neurones à l'œil, de l'œil à cette main qui tout à l'heure, s'agitera avec frénésie. Pour se rassurer il pense à cette étude dont on lui a parlé en Nouvelle-Zélande : les gauchers auraient un sens plus artistique.

L'Express, 2015.

75 % des créateurs graphiques d'*Avatar* seraient gauchers comme lui. On devine la petite goutte échappée du front de Plantu comme de tous les fronts de tous les Premiers ministres qu'il a pu caricaturer, ça lui apprendra ! « Je suis un hypertravailleur avec une tendance dure à la paresse, confesse Jean. Je cours aussi le risque de la redite, et j'en suis tout à fait conscient. Philippon était rédacteur en chef de Daumier au *Charivari.* Il l'avait viré en lui reprochant d'avoir dessiné trente fois la même chose, la fameuse "Métamorphose du roi Louis-Philippe en poire". J'ai toujours ça en tête. Je crains de bégayer et en réalité, ce n'est pas le cas. Une magie fait que, si on trouve la bonne idée, une alchimie naît. C'est le dessin du jour qui vient. Pourvu qu'il soit réussi… » Pourvu que la petite voix sur « le dessin de trop » se taise jusqu'au lendemain même heure, même ring, ce format de 8,5 sur 13,1 centimètres où piétinent ses angoisses.

Jean se souvient du regret de Cabu : « personne ne nous parle de notre trait ! », disait l'auteur du *Grand Duduche.* Quand il regarde certains de ses dessins, Plantu réagit à haute voix. « Sur celui-là, "Je ne dois pas dessiner Mahomet", dit-il, je vois l'enfant amoureux de la BD, de la ligne claire de *Tintin,* avec la main et le minaret. Je me sens un enfant de Reiser et d'Hergé, mais je pense que les deux m'auraient renié. Ils n'auraient pas aimé mon travail. Je suis amoureux de la fausse désinvolture de Reiser et du côté incroyablement léché du travail d'Hergé.

Mais je n'ai pas la capacité de réaliser un travail aussi académique et irréprochable qu'Hergé. Je n'ai pas non plus la fulgurance de Reiser. Je flirte avec les deux. Et je me permets de mélanger des genres et des styles car je crois que le dessinateur de presse a tous les droits. Au fond, ça m'a toujours manqué de ne pas pratiquer le nu et le dessin académique de base. »

Je doute qu'Hergé et Reiser lui auraient botté le train… Pour autant, Plantu ne joue pas les faux modestes. Quand il dessine, il sait que tout tient, un homme sur sa chaise, une figure publique que le lecteur va reconnaître sans difficulté, au premier coup d'œil. Du léché d'Hergé, de la désinvolture de Reiser, il a tiré ce qui lui convenait à lui, Plantu : le mélange, une sorte d'hybridation qui n'est pas la simple addition des deux styles, mais une fois encore leur synthèse. « À la mort de Reiser, raconte Jean, j'ai dessiné le gros dégueulasse qui rejoint Tintin au paradis. Du coup je mélange les deux genres. Ils sont morts en 1983 (Hergé le 3 mars, Reiser, 5 novembre). Je me dis qu'après tout, le dessinateur a le droit de mélanger. Hergé ne représenterait pas un barbu comme ça. D'ailleurs les yeux d'un trait comme ça, je pense que c'est du Reiser. Ça, très franchement, je pense que c'est du Reiser et j'y rajoute un truc très sage, la couleur de la BD ligne claire. Sur mon minaret, j'aurais dû ajouter un peu de blanc. Je n'ai pas dû avoir le temps. Il y a un mélange de désinvolture et de sage. » Le mélange, l'hybridation, les maîtres mots de l'artiste au travail. Son métier à dessin est un métier à métisser.

L'Express, 1998.

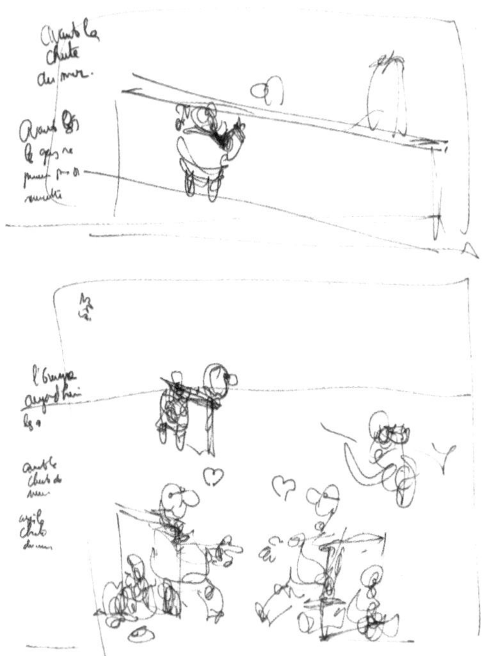

L'Express, 1999.

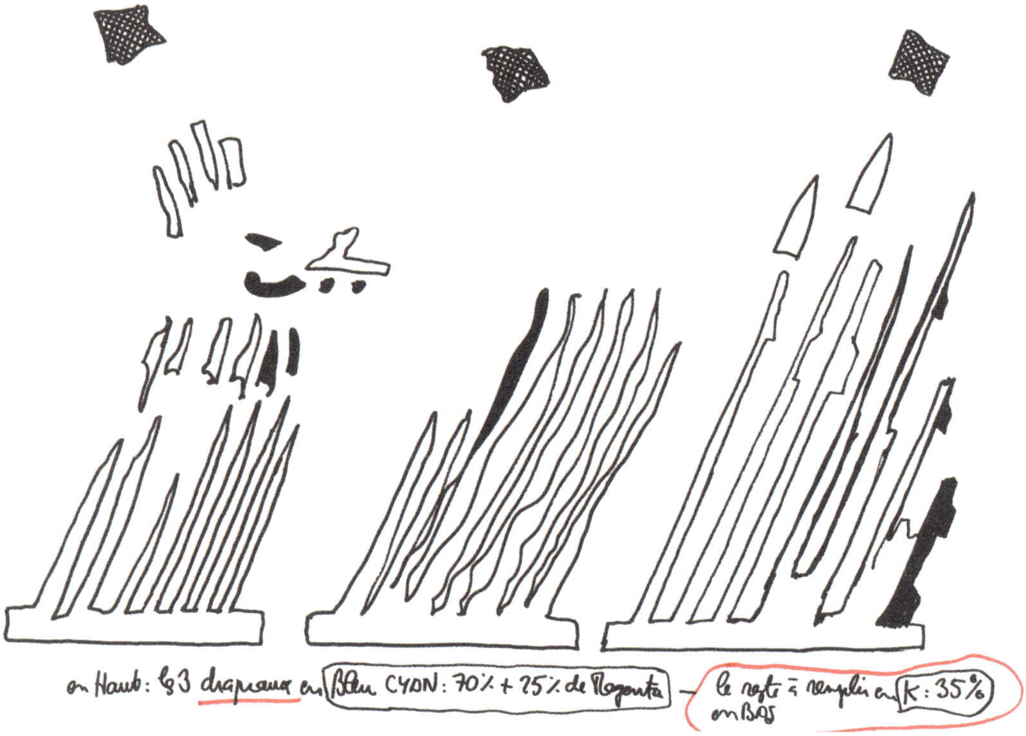

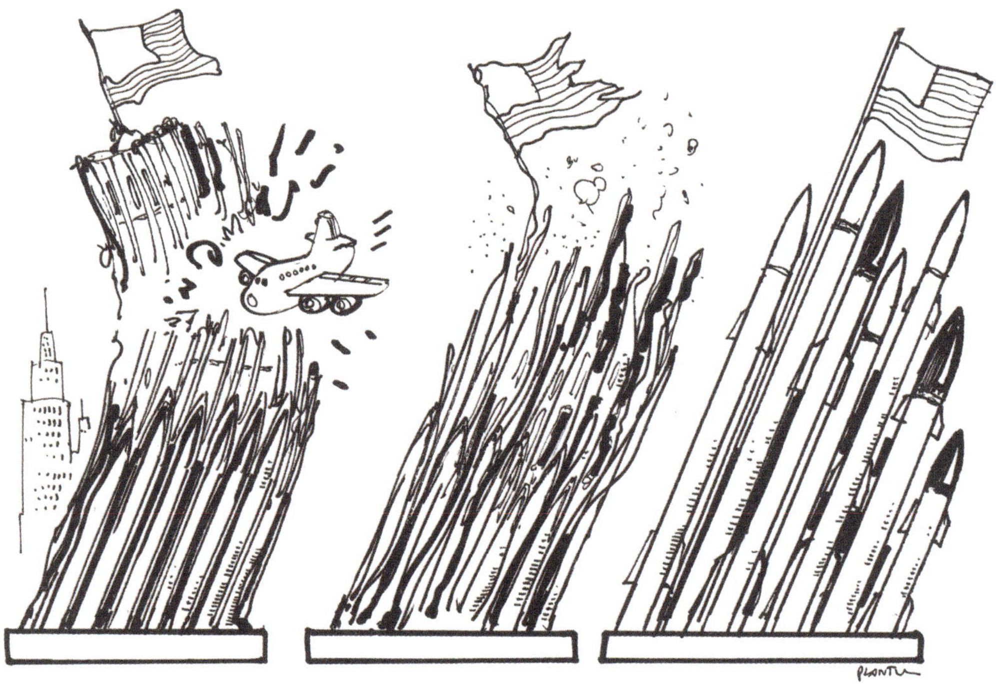

Le Monde, 2001.

Et ceux qui disent que Plantu ne fait pas dans la dentelle se mettent le crayon dans l'œil ! Dans un minaret, que ce soit en Iran ou ailleurs, Jean se débrouille toujours pour dessiner une petite dentelle. « Un minaret sans la dentelle, ce n'est plus un minaret, prétend-il. J'aime le bulbe du minaret. Et à la fois, même les mains, là, sont un peu désinvoltes. L'une est bien propre, l'autre est désinvolte parce que c'est un méchant, donc je fais une main désinvolte. Quant à ma petite souris, elle est inspirée de la ligne claire, dans la grande tradition BD. Le dictionnaire Larousse écrit que je marie la politique et la bande dessinée. J'attends qu'ils ajoutent un dessin. »

En regardant certaines pages de ses albums, Jean conçoit quelques regrets, comme celui de ne pas avoir assez exploité le mélange de la photo et du dessin. « Si on me lâchait, s'enflamme-t-il, si on me donnait un atelier, j'essayerais de réinventer une autre manière de dessiner la politique. Mais il faudrait me laisser du temps, ne pas me dire que c'est pour dans deux heures. J'ai déjà utilisé des photos que j'avais prises en Égypte au moment du départ de Moubarak. Je ne le fais pas assez, mais je devrais. Je voudrais utiliser le lyrisme de la photo et du collage des photos. Je mélangerais bien volontiers plusieurs photos pour qu'apparaisse une fresque d'arrière-plan. Je l'ai fait pour une exposition sur le 11-Septembre au Théâtre de la Ville. À partir de cinquante photos, j'ai effectué des fondus enchaînés qui ont fourni une trame de fond à mes dessins appliqués ensuite en surimpression sur de grands panneaux. Comme si on avait fait les violons avec *La Walkyrie* et Wagner. Les violons, c'est le mariage des photos. Parfois, j'utilise des aquarelles, mais il faudrait que je les travaille mieux. »

S'il lui arrive d'employer une police d'imprimerie pour écrire les titres de certains dessins, Jean privilégie et revendique la dimension « écrit à la main », avec son côté écolier… La police d'imprimerie signifie à ses yeux : « je ne dois pas dessiner. » Il se sent puni quand il s'impose un faux titre que personne ne lui a demandé. Torture du dessinateur qui se torture lui-même… « Quand je fais un dessin, je ne me dis pas que je vais choisir tel ou tel style. Je ponds ce que j'ai à pondre dans un minimum de temps et, à la fin, quelque chose est publié, qui s'appelle un dessin de Plantu. Je n'intellectualise pas du tout au moment où je le crée. »

Quand il réfléchit à ce qu'il souhaitait dire à travers les dessins de ses débuts, Jean se souvient qu'il voulait construire un décor à sa manière. Il était aussi amoureux des tableaux du Moyen Âge. « Lorsque tu as l'argentier qui compte ses sous avec sa balance, et la dame à côté, c'est superbe ! dit-il en dessinant. Sur le sol, tu as un motif régulier et répétitif, avec des carreaux de cuisine que tu reprends. J'adore ! J'ai toujours eu envie d'installer la personne avec le mouvement d'une chaussure qui passe sur l'autre. C'est intéressant, si derrière on voit la porte, la fenêtre, les rideaux, le feu et finalement toute une ambiance…

Le Monde, 2001.

PLANTU

J'aime le bruit de ce qui vit autour du personnage. C'est ce qu'il y a derrière lui qui montre sa personnalité. Mitterrand disait qu'il croyait aux forces de l'esprit. Moi, je pense que nos propos se rapportent à un lieu. Je ne dirai pas la même chose si on était dans la cuisine, dehors ou dans ma voiture. J'ai été invité par le consul de Grèce à Alexandrie. Dans sa maison, qui date de la fin du XVIIIe siècle, nous étions dix autour de la table. J'avais le sentiment que les gens des siècles passés étaient là. Je suis traversé par ce genre de fulgurance. Je ne sais pas le prouver, mais je pense que les murs ont compris des choses. » Une réflexion qui inspire forcément le trait de Plantu, la présence du passé dans le présent, le fameux « Sarkozy, sors de ce corps » pour illustrer François Hollande, la même amorce qui guide la représentation par Plantu de Mitterrand et de Macron.

L'« attirail » du dessinateur pour travailler a évolué avec le temps. Longtemps Jean a utilisé son Rotring, une pointe de 0,3 ou 0,1 millimètre qui lui permettait de tracer une ligne à base d'encre de Chine. « C'est la tache de noir qui va rester sur le papier. Alors que le feutre... murmure-t-il à regret. Un jour que j'étais allé voir Pierre Mauroy dans son bureau à Lille, il m'a dit gentiment qu'il avait conservé un dessin que je lui avais offert. J'ai regardé. On ne voyait plus que du blanc. Il avait disparu ! Mauroy avait gardé le cadre avec une vieille trame rougie par le soleil, mais il ne restait rien. Tout l'été dans la lumière d'une fenêtre, le feutre devient rouge et transparent. L'encre de Chine, non ! Mon père ne pouvait pas imaginer qu'un dessin puisse ne pas se faire à l'encre de Chine. Le feutre, c'est gentil, mais l'encre, c'est plus noble. »

Pourtant Plantu détestait cet outil qui se bouchait tout le temps. L'extrémité séchait, il devait le secouer avec frénésie. Des petites billes tapaient contre la sortie pour que l'encre puisse enfin passer. Il existait des solutions liquides où le plonger pour qu'il soit toujours humecté. Mais ça ne suffisait pas. C'était infernal. Un petit enfer de plus. Mais peu importait ! Ce qui comptait pour lui, c'était le dessin publié. « Si l'original a de la gueule, on se fout de la cuisine », admet Jean, philosophe. Comme gaucher, il se dit très à cheval sur la qualité des encres. Il faut qu'elles soient bues très vite par le papier. S'il tient un feutre dont l'encre est très belle mais qu'elle ne « rentre » pas, il le jette tout de suite. « Quand je dessine, dit-il, c'est toujours sale car je passe la main là où je viens d'écrire. Après le Rotring, j'ai dessiné avec des Tempo noir. J'en ai encore. C'était devenu mon outil préféré. Quant au support, je dessine aujourd'hui sur du papier machine et je scanne, puis je colorise à l'écran. »

Contrairement à ses amis auteurs de BD, Plantu n'a jamais dessiné à la plume. Il assure n'avoir jamais été très fort en plume et en pinceau. Ce qu'il aime surtout avec son feutre de prédilection, c'est qu'il peut faire varier l'épaisseur du trait

avec une même pointe. Le résultat est d'emblée plus vivant. S'il veut dessiner une petite Marianne, il sera plus à l'aise avec un feutre plus fin. « Le feutre va plus dans le prolongement d'une idée fulgurante, observe Jean. En réalité je ne me complique pas les choses. J'ai quatre grosseurs de feutres que j'utilise en fonction de ce que j'ai envie de dessiner… Si j'ai envie de dessiner le contour du visage, je prendrai le numéro deux. Si je veux montrer le repli élégant du tissu, je vais utiliser le numéro un. Pour représenter un tabouret bien ancré dans le sol, je vais prendre le numéro trois. Il faut que dans un minimum de temps, je puisse camper l'idée, le ou les personnages. On pourrait raconter la même chose avec la peinture à l'huile, mais on n'est pas à l'époque de Rembrandt ! La peinture à l'huile, tu peux la retoucher dans trois jours, dans trois semaines, mais ton dessin est pour dans trois quarts d'heure, coco ! »

Concession à la modernité, il arrive même à Jean de dessiner directement sur Photoshop, avec un logiciel qui le permet. Et cet outil lui fait dire d'autres choses. Mais quand il croque un homme politique avec des croisillons dans le costume, il s'efforce de le représenter un peu à l'ancienne pour le ringardiser. « Pour ça j'utilise un vieux truc personnel. Ce n'est pas l'ordinateur qui le fera à ma place. »

Pour qui a fureté dans son bureau du *Monde* avant l'ère numérique, on se serait cru perdu chez ses collègues minutieux de la documentation qui ne rigolaient pas avec les dossiers bien rangés, avec chaque chose à sa place et une place pour chaque chose. En ce temps-là, Plantu thésaurisait du papier, arrachait des pages et des pages de photos dans les magazines pour voir précisément à quoi pouvait ressembler une jeune Grecque, un Kosovar ou un président des États-Unis à la Maison-Blanche. « Je m'étais constitué des dossiers incroyables sur tous les sujets. J'avais Reagan, j'avais Willy Brandt et Mitterrand. J'avais aussi des chemises "centrales nucléaires", "pêche au thon"… Dans tous les *Point, Express, Nouvel Obs*, j'arrachais des pages que je stockais et que je triais. Avec Internet, la nécessité s'est perdue. Maintenant, je cherche sur Google. Je gagne du temps et je n'en gagne pas. Tous les autres font comme moi. L'émulation, la course est toujours là. »

Exposition Plantu au musée Carnavalet, 2003.

Le Monde, 1981.

Pour reconnaître sans erreur à quelle époque a été réalisé un dessin, Plantu se fie à son trait. « Je ne suis pas amoureux de mes dessins des années 1970, admet-il. Je préfère la sensualité de mes colombes d'aujourd'hui à ma première colombe, même si j'ai de la tendresse pour elle. Pourquoi lui ai-je mis une petite houppette comme si c'était un perroquet ? Et son bec… Bref, ce n'est pas une colombe pour moi. Le dessin de l'Oncle Sam, en 1978, j'en étais content. Il était bien construit. Je reprenais l'affiche classique. Quand je réussissais un dessin de ce genre dans les années 1970, c'était un accident. Sur mon dessin d'après la victoire de Mitterrand, en 1981, mes petits bonshommes ne sont pas ceux que j'aime aujourd'hui. Ils sont mignons, mais il manque une sensualité, y compris dans les toits. C'est un peu bâclé… Dans mon esprit, l'esthétique est au service de l'idée que je veux faire passer. Ce qui compte ici, c'est : "Quoi, la tour Eiffel est toujours à sa place ?" Après, je n'ai plus qu'à dessiner ma tour Eiffel et à créer l'ambiance de Paris. J'ajoute deux petits bonshommes qui sont finalement anodins. Quant au soleil, il est inspiré par celui du *Don Quichotte* de Picasso. »

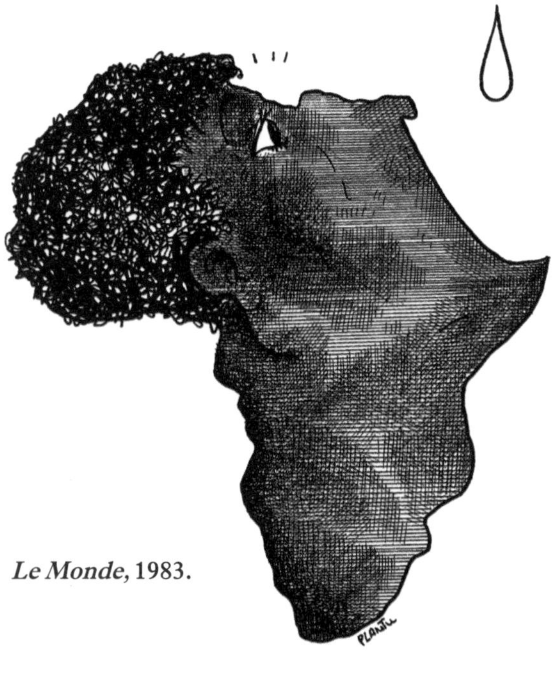

Le Monde, 1983.

On fait réagir Plantu à un dessin sur l'Afrique d'une grande force. Un dessin silencieux, qui parle tout seul. Publié en 1985, il n'a pas tardé à rejoindre les manuels scolaires. « Moi qui aime les jeux de mots, on est là dans le jeu de signes, explique son auteur. Je mélange des signes et, à la fin, je compose une phrase pareille à un jeu de mots. Je mélange une carte de l'Afrique, c'est un bonhomme. Je dessine la bouche puis je rajoute la goutte, et cela donne une phrase. C'est une syntaxe. Ma plus grande réussite des années 1980, c'est mon album *Wolfgang, tu feras informatique.* Mon père l'a mal pris, car il s'est reconnu… Il a compris que c'était lui que je caricaturais. »

Cette allusion à son père me fait penser à tous les grands de ce monde qu'un jour ou l'autre, irrespect mâtiné de douce familiarité, Plantu a dessinés en robe de chambre.

Wolfgang, tu feras informatique, La Découverte, 1988.

Un jour que nous travaillions chez lui, j'ai aperçu au mur une photo de son père à qui j'ai soudain trouvé un air de famille certain avec quelques-uns de ses personnages. La réponse a fusé, un sourire au coin des lèvres de Plantu. « Quand je dessine Hollande en robe de chambre, c'est la robe de chambre de Strauss-Khan, qui est celle de Marchais, qui est celle de Reagan. Pour tout te dire, c'est la robe de chambre de mon père. »

Le Monde, 1989.

Le passage du noir et blanc à la couleur a aussi été riche de sens et de possibilités pour le dessinateur du *Monde*. La première fois que la technique lui a donné droit à la couleur, c'était en 1992, une période critique pour Pierre Bérégovoy, alors Premier ministre de Mitterrand, empêtré dans une affaire de prêt sans intérêt accordé par le riche ami du président Roger-Patrice Pelat. « Un homme qui porte de pareilles chaussettes ne peut être malhonnête », avait lancé l'ancien ministre de l'Intérieur Pierre Joxe. « Comme je n'avais droit qu'à une seule couleur, se souvient Plantu, je lui ai mis des chaussettes rouges. Tout le monde n'a vu que ces chaussettes rouges. Un ami qui rentrait de l'étranger n'a pas compris le sens de ce point rouge. Il ignorait la phrase de Joxe. Du coup, j'ai dessiné à Bérégovoy des chaussettes dégueulasses et on n'a plus vu que ça. Je me suis dit : « Tiens, la couleur a un sens éditorial. » Il suffit parfois d'un simple détail. Comme d'associer des Nike à un président de la République. Je me souviens du moment où j'ai dessiné Mitterrand avec des Nike et les petits lacets. On entendait presque le bruit de la Nike. »

Le Monde, 1994.

Ne pas oublier un trait majeur du dessinateur : Plantu pense en images depuis l'enfance. Et c'est cette pensée illustrée qu'il tente chaque matin de remobiliser comme un prestidigitateur (muni tout de même de sa baguette, c'est-à-dire de son crayon). On ne lui reprochera pas d'avoir eu parfois des « coups de moins bien », c'est humain et même rassurant ! Le laminoir des jours est cruel. Dessiner est moins difficile que de continuer à dessiner, encore et encore. Lui-même, au moment de sélectionner ses meilleures parutions de l'année, en jette bon nombre à la poubelle. Il n'empêche, le dessinateur chevronné abrite l'œil vif du garnement toujours prêt à faire une bonne blague. Par exemple ? Si Sarkozy était revenu au premier plan, une idée graphique lui chatouillait la main : dessiner Carla en Néfertiti. « Je vois le truc ! s'exclame Plantu. Elle est née Bruni, s'est mariée Sarkozy, mais elle est surtout Néfertiti. C'est terrible de penser ainsi. En classe, je regardais mon prof les mains croisées… C'était intéressant. Je voyais le modelé de la chemise. Je traçais le trait donnant la sensation de la laine ou de la fourrure. Pendant que je réfléchissais crayon à la main, le prof disait : "Plantureux, répétez ce que je viens de dire." Je ne savais pas de quoi il parlait ! »

Le Monde, 1998.

Voilà la permanence du trait de Jean au fil des années et de ses évolutions : saisir un détail parlant pour moquer. S'arranger pour que le dessin soit ressemblant et caricatural à la fois. Si c'est Kim Jong-un ou Donald Trump, ne pas hésiter à taper lourdement. Au moment de l'affaire de Bill Clinton et de Monica Lewinsky, Plantu avait représenté des petites souris très actives. Parfois il ajoute un détail, le détail qui tue, au dernier moment, le dernier coup de crayon comme un dernier coup de griffe… Ainsi ce dessin du pape François sur le thème « Qui suis-je pour juger les homosexuels ? »

Le Monde, 2016.

« Au dernier moment, reconnaît Plantu, j'ai mis du rouge à lèvres à un des évêques. Ce n'était pas prévu. Je me suis dit : "Prends ça dans la figure en passant. Tiens, voilà !" Il faut aussi que le dessin ait ce côté jubilatoire. Dans cet autre dessin paru pendant l'affaire de la viande contaminée, je savais que j'étais dans le casse-gueule : on parle de la viande de cheval, et le Christ dit "Ceci est mon corps, ceci est…" Le pape, parmi les apôtres, répond en regardant l'hostie : "Si ça se trouve, c'est du cheval." »

Il arrive que certains matins sur le coup de 10 heures, Plantu semble avoir mangé du cheval. L'odeur de l'écurie ? Quand il dessine, Jean mobilise tout ce qu'il a dans la tête, tout ce qu'il a envie de dire et tout ce qu'il croit maîtriser, son expérience. Et il y a aussi ce contact singulier, unique et à nul autre pareil. Sa main qui fait ce qu'elle peut. Le bruit du crayon, sa musique sensuelle qui lui rappelle son enfance. Il y voit une magie. Et peut-être la ligne blanche d'Hergé. Et d'abord un air de liberté.

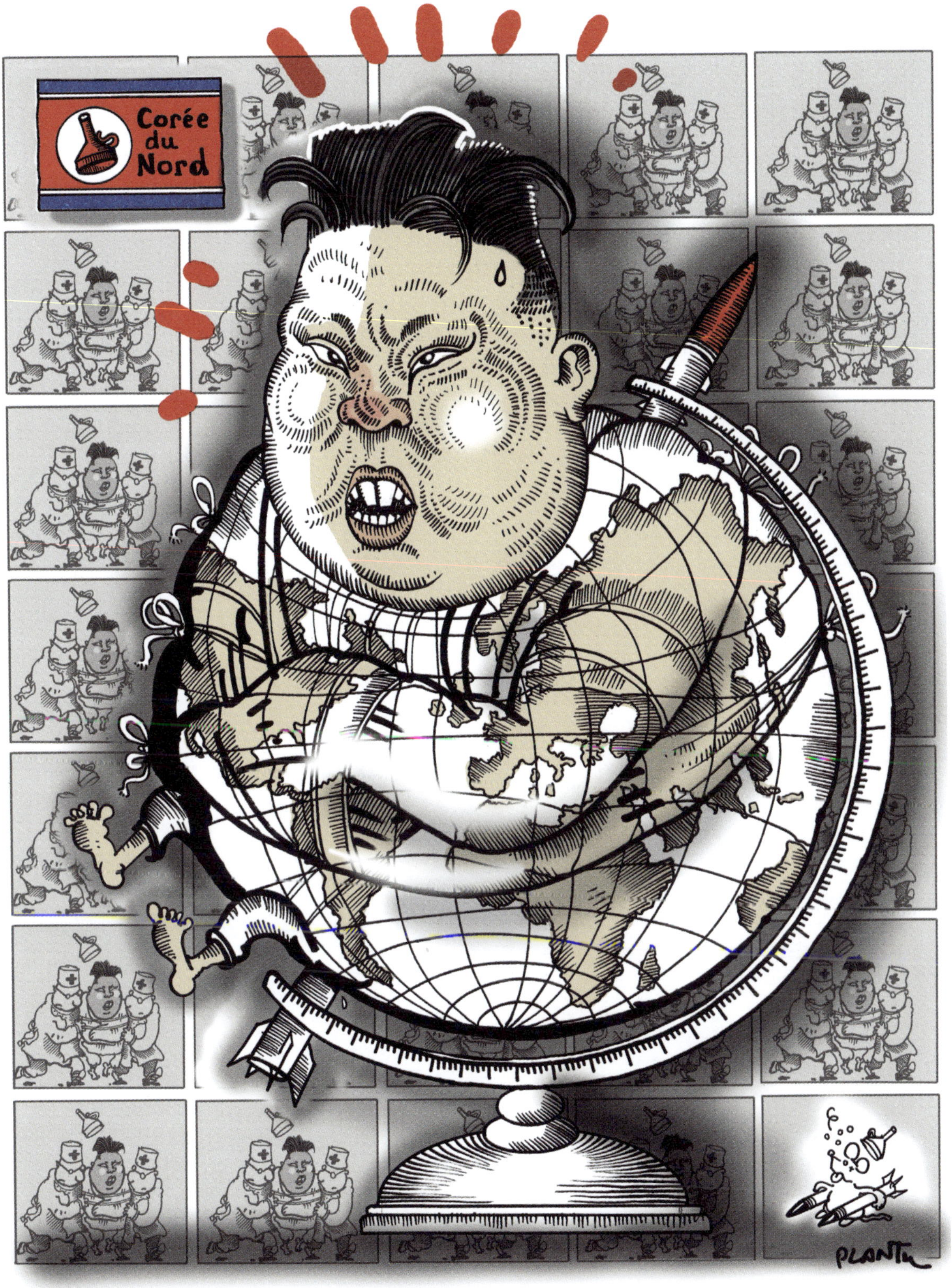

L'Express, 2013.

L'Express, 2013.

L'Express, 2010.

Le Monde, 2013.

Le Monde, 1998.

L'Express, 2008.

Affiche de Paris-Plages, 2015.

Le Monde, 1997.

L'Express, 2014.

MERCI

Merci à Laurence Engel, présidente de la Bibliothèque nationale de France, qui a eu la riche idée d'accueillir Plantu dans ce lieu prestigieux, montrant une fois encore l'importance du dessin de presse dans la création intellectuelle et artistique.

Merci à Martine Mauvieux, conservateur en chef à la Bibliothèque nationale de France, chargée des collections de dessin de presse au département des estampes et de la photographie. Commissaire inspirée de l'exposition « Plantu, 50 ans de dessin de presse » présentée à la BnF sur le site François-Mitterrand, elle a su par ses choix donner toute sa dimension à l'œuvre dessinée de Plantu.

Merci également à Maité Léon, assistante de Plantu au journal *Le Monde,* pour sa disponibilité de chaque instant et pour sa mémoire inégalable des dessins de Plantu.

Merci à Natalie Thiriez, directrice artistique du *1*, qui a su tisser le lien de l'oral à l'écrit entre Plantu et Éric Fottorino, et a contribué à inspirer le dessin original de la couverture de cet ouvrage.

Merci à l'équipe Calmann-Lévy et en particulier à l'éditrice Marine Montégut pour l'enthousiasme et l'énergie qu'elles ont consacrés à cet ouvrage.

Merci enfin à Éric Fottorino, dont le talent d'écrivain ajoute à l'authenticité de ce témoignage passionnant tout le sel de l'histoire vivante.

Quant à Jean Plantu, qu'il soit remercié pour sa sincérité et son engagement dans ce projet, qui nous tenait à cœur depuis si longtemps.

Photocomposition Olo.éditions
Achevé d'imprimer en mars 2021
par Pollina à Luçon (85)
pour le compte des éditions Calmann-Lévy
21, rue du Montparnasse 75006 Paris

PAPIER À BASE DE FIBRES CERTIFIÉES

CALMANN LEVY s'engage pour l'environnement en réduisant l'empreinte carbone de ses livres. Celle de cet exemplaire est de :
1,9 kg éq. CO_2
Rendez-vous sur www.calmann-levy-durable.fr

N° d'éditeur : 5119128/02
N° d'imprimeur : 97228
Dépôt légal : mars 2018
Imprimé en France.